カウンセリングと援助の実際

―医療・学校・産業・行政における心理的支援―

山蔦圭輔・杉山　崇

編著

北樹出版

はじめに

　社会的状況のめまぐるしい変化の中，こころの問題を取り上げ，より有効な支援を実践することが望まれている。こころの問題を支援することを指す代名詞はカウンセリングであり，カウンセリングという用語自体は，広く知られているようにも感じられる。しかしながら，特に日本において，カウンセリングという用語の持つ意味合いは多様であり，時に誤解されてしまうこともあるように思える。こうした状況は，"カウンセリング"という用語を用いず，"心理的支援"などという言葉で表現したとしても同様に生じるようにも思える。

　こころの問題は複雑であり目に見えず，その環境や社会的文脈の中で少なからず変化することもある。したがって，こころの問題はとらえにくい。とらえにくいこころの問題をできる限り整理し，支援するターゲットを定めることがカウンセリングをはじめとした"誰かを支援すること"の第一歩でもある。

　本書では，医療・教育・産業・行政といった特徴ある領域で，"誰かを支援すること"を専門とする実践家が，支援の枠組みと実際をまとめた。それぞれの領域で実践されている大枠を理解し，その実践的な取り組みの一端に触れることは，臨床心理学をはじめ，人間に係る学問を学ぶ者には必要不可欠である。また，第1章・第2章では，カウンセリングの概念や理論について紹介している。理論は実践の基盤となり，理論と実践はより近い存在になることが望ましい。また，最後には，テクニカルタームの説明を付した。各用語は，自然と用いられる共通言語ともいえる。良い支援を担うためには，こうした共通言語を十分に学習しておくことも望まれるだろう。

　本書を以って，"誰かを支援すること"の難しさや遣り甲斐，時に感じる辛さを全て糧としながら，支援者としての基礎を築くお手伝いができることを願う。

2012年4月　編　者

■ 目　　次 ■

はじめに ……………………………………………………………………3

第1章　カウンセリングと支援 ……………………………………12
　1　カウンセリングとは ………………………………………………13
　　　カウンセリングにおける対人関係とカウンセリングの専門性
　　　／科学者－実践家モデルとしての支援
　2　カウンセリングと心理療法，臨床心理学 ………………………18
　3　カウンセリングの歴史 ……………………………………………21
　4　カウンセリングの領域 ……………………………………………24
　　　医療領域／学校領域／産業／行政

第2章　カウンセリングの理論 ……………………………………28
　1　きくこと・みること ………………………………………………29
　2　聴く対象 ……………………………………………………………30
　3　自己理論 ……………………………………………………………31

第3章　医　療 ………………………………………………………34
　1　医療現場におけるカウンセリングの考え方 ……………………34
　　1　精神科におけるカウンセリングの流れ ………………………34
　　　　予診／診察から査定へ／診断からカウンセリングへ
　　2　精神疾患の内因，心因，外因とカウンセリング ……………38
　　　　内因とカウンセリング／心因とカウンセリング／外因とカウ
　　　　ンセリング
　　3　精神科における"カウンセリング" ……………………………42
　　　　カウンセリングと心理療法，精神療法／精神科の精神療法／
　　　　心療内科のカウンセリング

|2| 医療現場におけるカウンセリングの実際問題 …………………46
  1 カウンセリングの実際における基本問題 ………………46
      事例の概要／主訴と症状と見立て／自覚と目標設定／変化への動機づけと疾病利得／パーソナリティ／援助の方法／A氏の経過とまとめ
  2 精神症状とカウンセリング ……………………………54
      うつ病のカウンセリング／強迫性障害,パニック障害のカウンセリング
  3 精神症状とカウンセリングのまとめと課題 ……………57

コラム1 睡眠問題に対する理解と援助の実際 (58)

第4章 学　　　校 ……………………………………………60
|1| 学校現場におけるカウンセリングの考え方 …………………60
  1 はじめに ……………………………………………60
  2 学校現場のカウンセリングの基本的機能と相談システム ……60
      教育相談所／スクールカウンセリング／2つの相談システムの機能の違いと使い分け方／守秘義務の相違／相談機能の違い／機能の違いを活かした連携の必要性／2つの相談システム内における連携と役割／教育相談所における相談員間の連携／教育相談所における相談員の役割／スクールカウンセリングにおけるカウンセラーと教員の連携／スクールカウンセリングにおけるカウンセラーの役割
  3 おわりに ……………………………………………70
|2| スクールカウンセリングの実際 ………………………………71
  1 はじめに ……………………………………………71
  2 スクールカウンセラー事業の歴史 ………………………71
  3 カウンセラーの活動内容 …………………………………72
      児童生徒に対する相談・助言／1次的な取り組み／2次的な取り組み／3次的な取り組み／保護者に対する助言・援助／教職員に対する助言・援助／その他

4　学校で役に立つカウンセラーとは …………………………78
　　　　　教師との連携／アセスメント能力をつける
　　　5　スクールカウンセリングが抱える課題 ………………………79
　　　　　資質や経験の差／雇用の問題
　　　6　おわりに ……………………………………………………81
　③　教育相談の実際 …………………………………………………81
　　　1　はじめに ……………………………………………………81
　　　2　相談の進め方 ………………………………………………81
　　　　　インテーク面接／担当者を決める／相談・プレイセラピーの
　　　　　開始／ケース会議／終結
　　　3　学校との連携 ………………………………………………83
　　　4　他機関との連携 ……………………………………………87
　　　5　教育相談の課題 ……………………………………………88
　　　　　教育相談所の構成員と役割について／「指導」と「相談」の
　　　　　違いについて／教職経験者の役割
　　　6　守秘義務について …………………………………………90
　　　　　学校に対して／保護者に対して

　　　　　コラム2　子どもの不安は親の不安？（95）

第5章　産　　業 ……………………………………………………97
　①　職場における支援 ………………………………………………97
　　　1　職場の役割と職場ストレス …………………………………97
　　　2　セルフケアとラインケア ……………………………………99
　　　　　ラインケアにおけるメンタルヘルスの評価
　　　3　復職支援 …………………………………………………102
　　　4　キャリア支援 ……………………………………………103
　②　産業における心理的支援 ……………………………………104
　　　1　EAPとは …………………………………………………104

2　内部 EAP と外部 EAP …………………………………………105
3　EAP のカラー ………………………………………………………105
4　EAP の実際 …………………………………………………………106
EAP に求められる条件／具体的にどのようなことを行っているのか？／復職支援について
5　EAP における留意点 ………………………………………………110
守秘義務について／アセスメントの重要性／キャリアカウンセリング的視点も／支援する対象を意識すること
6　EAP における課題 …………………………………………………113
EAP による効果を検証すること
7　おわりに ……………………………………………………………113

3　教育的支援と社員研修 ………………………………………………114
1　教育的支援とは何か？ ……………………………………………114
注目を集める「教育的支援が充実している」企業／キャリア発達支援は人生の節目を乗り越えるための支援／教育的支援とは人材育成，つまり組織内でのキャリア支援そのもの／キャリア支援プログラムは実に多種多様
2　職場での経験を活かす教育的支援 ………………………………118
OJT は経験学習を支援するプロセス／キャリアの多様性を高める施策／発達課題を乗り越えることを支援する人事諸制度の新展開
3　周囲の人間関係や専門家を活用した教育的支援 ………………121
周囲の人間関係を活用した支援の代表例／専門家を活用した支援
4　社員研修を通じた支援 ……………………………………………123
社員研修も経験学習を支援するプロセス／学習目的に応じて使い分けられる研修の実施形態／若手育成のための研修

コラム 3　ストレスの心理学的モデル（128）
コラム 4　ストレスに対処する　自律訓練法（129）

第6章 行　　政……………………………………………………131

1 行政におけるカウンセリングの考え方…………………………131
####　1　精神保健福祉センターについて……………………………131
####　2　センターにおける臨床心理技術者に求められる役割…………132
　　　　相談部門／社会復帰部門

2 行政における心理的支援の実際と課題………………………134
####　1　精神保健福祉センターにおける相談業務……………………134
　　　　相談受付からの流れ／インテーク面接
####　2　家族教室・家族会………………………………………137
　　　　家族教室利用事例
####　3　相談業務における課題…………………………………139
####　4　おわりに…………………………………………………140

3 保健所における心理的支援……………………………………140
####　1　精神保健福祉相談の原則…………………………………140
####　2　精神保健福祉相談の特徴…………………………………140
####　3　相談形態別にみられる特徴………………………………141
　　　　電話による相談／来所による相談／訪問による相談
####　4　心理的支援の実際………………………………………143
　　　　精神科受療相談事例／ひきこもり事例／アディクション事例
####　5　社会復帰と地域における心理的支援……………………146
　　　　社会復帰の動機を支援する／当事者が自分自身の専門家となる支援をする／地域における支援／危機に対応するプラン作り／元気に過ごすためのプラン作り

　　　コラム5　警察という場における心理的支援の実際（153）

第7章 おわりに……………………………………………………155

1 カウンセリングからみたそれぞれの現場………………………155
####　1　医療現場…………………………………………………156

2　学校現場 ……………………………………………………158
　　　3　産業現場 ……………………………………………………160
　　　4　行政の現場 …………………………………………………162
　　2　各現場に共通するカウンセリング問題 ……………………164
　　3　カウンセリングにはなぜ効果があるのか？ ………………166
　　まとめ ……………………………………………………………168

用語解説 ……………………………………………………………169

執筆者・担当一覧

執筆順

山蔦　圭輔（やまつた　けいすけ）	産業能率大学　情報マネジメント学部	はじめに、1章・2章・5章①
杉山　崇（すぎやま　たかし）	神奈川大学　人間科学部	3章・7章
牧　郁子（まき　いくこ）	大阪教育大学　教育学部	4章①
加藤　陽子（かとう　あきこ）	十文字学園女子大学人間生活学部	4章②
飯尾　敦子（いいお　あつこ）	東京都武蔵村山市保健相談センター	4章③
柴田　育穂（しばた　いくほ）	東京海上日動メディカルサービス株式会社	5章②
田中　勝男（たなか　かつお）	公認会計士田中勝男事務所	5章③
石田　有希（いしだ　ゆき）	埼玉県立精神保健福祉センター	6章①・②
関口　暁雄（せきぐち　あきお）	埼玉県立精神保健福祉センター	6章③
吉田　太郎（よしだ　たろう）	埼玉県立精神保健福祉センター	6章③

コラム

1　山本隆一郎　上越教育大学大学院学校教育研究科臨床健康教育学系

2　城月健太郎　東海学院大学人間関係学部心理学科

3　山蔦　圭輔　産業能率大学情報マネジメント学部

4　佐瀬　竜一　大阪国際大学人間科学部

5　田口　貴昭　神奈川県警察健康管理センター

カウンセリングと援助の実際
―医療・学校・産業・行政における心理的支援―

第1章 カウンセリングと支援

　現代社会において，心理・行動的な問題を解決し，心身ともにより健康な状態を維持することに対するニーズは高まっている。こうした中，人間の心理や行動に関わる専門的な知識・技能を基盤とした心理的支援は，社会的ニーズに応えるための有効な資源となる。そして，専門的な知識・技能を基盤とした心理的支援のひとつにカウンセリング（counseling）がある。

　本書の第3章から第6章では，各種現場（以下，臨床現場）における心理的支援（心理・行動的問題を解決するための支援）の考え方と実際をまとめている。これらの心理的支援はカウンセリングもしくはカウンセリング的なアプローチ，カウンセリングマインドに基づく支援である。

　心理的支援を行う臨床現場は多岐にわたる。そして，各臨床現場における心理的支援の考え方や基礎とする方法論，その実際は異なる。したがって，多岐にわたる臨床現場において，他者が"より良くなる"ことを目指し，カウンセリングマインドやカウンセリングの理論・技法を駆使し（その臨床現場ではカウンセリングやカウンセリングマインドといった用語を用い表現することがないにしても）支援を行うことは共通するといえる。

　カウンセリングを行う専門家はカウンセラー（counselor）と呼ばれる。カウンセラーといった呼ばれ方は，心理的な側面に関与する専門家に特化したものではない。たとえば，教材の販売員や化粧品の販売員がカウンセラーと呼ばれるように，ある専門性を有し，相談を担う者を総じてカウンセラーと呼ぶこともあり，カウンセラーの意味合いは多様である。こうした中，本書では，心理的側面に対する専門的知識や技法を有し，相談対象者が抱える各種問題を心理

的（もしくは福祉的）な領域において"カウンセリング"を行う専門家のことを「カウンセラー」と表現する。なお，「カウンセラー」は，各種臨床現場の特徴に伴い，その呼び名も変化する。たとえば，支援員，セラピストなどと呼ばれることがある。

一方，カウンセリングの対象者はクライエント（client）と呼ばれる。この呼び名も，各臨床現場の特徴に伴い多様に変化する。たとえば，医療現場では，クライエントのことを「患者」と表現することもあるだろうし，学校現場では，クライエントや患者といった表現自体を用いないこともある。

本章では，臨床現場において対人支援を行う専門家を「カウンセラー」，支援の対象者を「クライエント」と表現する。いずれにしても，心理・行動的側面に対する支援や心身の健康保持増進や予防を目指す上で，カウンセリングは欠かすことができない。ここでは，カウンセリングの定義と位置づけをまとめ，カウンセリングの歴史的展開を概観する。

1　カウンセリングとは

カウンセリングは一般的に，「こころの相談」と理解されるかも知れない。そして，仮に「こころの相談」とはいかなるものかといった問いかけをするのであれば，それはカウンセリングであると返答されるかも知れない。心理的な問題を対象に相談を行うこと自体，それはカウンセリングという概念に包含されるものである。しかしながら，「カウンセリング」という用語の意味は多様であり，カウンセリングについて，一義的な定義を紹介することは難しい。前述の通り，本章でいうカウンセリングは，心理学およびその近接領域の知識や技能を発揮して，クライエントの心理・行動的な問題を扱う専門的な相談である。心理学をはじめとする学問領域は幅広い。また，クライエントの心理・行動的問題もシンプルに理解できるものではない。したがって，「カウンセリングはこころの相談である」といったまとめをすることも避けなくてはならない。そして，もし「カウンセリングはこころの相談である」といった定義づけ

をするのであれば,「こころの相談」とは何かについてもより明確に定義づける必要がある。以下に,専門的な定義の試みを紹介する。

　クライエントを対象に行う心理的なカウンセリングについて,たとえば,「カウンセリングとは,言語的および非言語的コミュニケーションを通して行動の変容を試みる人間関係である」(國分, 1979),「クライエントが直面している,または直面する可能性のある顕在的または潜在的な心の問題に対処するための行動変容を心理的に支援する目的で行われるコミュニケーションである」(楡木, 2005) などと定義づけられている。また,2004年9月6日に日本カウンセリング学会定義委員会により報告された定義をみると,カウンセリングの範疇は幅広いことがわかる。

カウンセリングの定義（日本カウンセリング学会定義委員会, 2004）

　カウンセリングとは,カウンセリング心理学等の科学に基づき,クライエント（来談者）が尊重され,意思と感情が自由で豊かに交流する人間関係を基盤として,クライエントが人間的に成長し,自律した人間として充実した社会生活を営むのを援助するとともに,生涯において遭遇する心理的,発達的,健康的,職業的,対人的,対組織的,対社会的問題の予防または解決を援助する。すなわちクライエントの個性や生き方を尊重し,クライエントが自己資源を活用して,自己理解,環境理解,意思決定および行動の自己コントロールなどの環境への適応と対処等の諸能力を向上させることを支援する専門的援助活動である。

　また,豊かな社会生活は人の主体的生き方を保証する条件であり,人の福祉に貢献する条件でもある。つまりカウンセリングは社会的環境と密接に関係しており,カウンセラーは,調和のとれた人間関係,集団,組織および社会の維持や改善など,社会環境の整備に貢献する。

　その他,カウンセリングの定義はさまざまな研究者・実践家によって多様に定義づけられている。ここで,多様なカウンセリングの定義をごく簡単にまとめると以下の通りとなる。

◎カウンセラーとクライエントとの言語・非言語的コミュニケーションが存在する
◎カウンセリングのプロセスで生じる言語・非言語的コミュニケーションはカウンセラーの専門性に担保される
◎クライエントの心理・行動的問題の変容（改善，解決）を目的とする
◎クライエントの心理・行動的問題の変容のみならず，より健康的な成長を目的とする
◎クライエントの自律や自立（セルフコントロール）が目的となる
◎クライエント個人を対象とする中で，クライエントを取り巻く環境（他者や社会）をも対象とする必要がある
◎カウンセリングの背景には客観的（科学的）な理論や技法が存在する

　これ以外にも，カウンセリングを考える上で重要となる定義は数多く存在する。こうした中，カウンセリングは"カウンセラーとクライエントとの対人関係である"ことは共通項である。

■…■　カウンセリングにおける対人関係とカウンセリングの専門性　■

　クライエントとの対人関係は固有の（クライエント対カウンセラーの，1対1の）関係であるとともに，クライエントを取り巻く環境（他者との関係やクライエントが存在する社会との関わりなど）との関係でもある。したがって，カウンセリングを行うプロセスでは，クライエントとの固有の対人関係を構築する中で，クライエントが言明する第三者の存在やクライエントが主観的に感じる社会の有り様などを注意深く聴き，観る必要がある。そして，この対人関係の基礎にはカウンセラーの専門性が確保されている必要もある。
　クライエントを聴き・観る技能は，カウンセラーの専門性である。したがって，カウンセラーとしての専門性を高めることを目指す際，カウンセリングに関するロールプレイや実際のカウンセリング経験を通して，技能を磨き，より専門性の高いカウンセラーにスーパーバイズを受ける必要もある。したがっ

て，カウンセラーとしての専門性は経験ベースと考えることもできる。なお，たとえば，カウンセリングの専門家として，その考え方を修得するには，10,000時間以上の経験が必要とされている（伊藤，2007）。しかし，人の心はとても繊細で過敏であるため，更に人間の複雑さや多様性などを本質的に受け止めることが求められる。

それでは，経験のみをベースとしてカウンセラーとしての専門性を手に入れることができるかというと，そう簡単ではない。たとえ，専門家であったとしても，一人の人間が経験できる出来事の範疇や種類には限界がある。この限界を超えるために，理論を身につける必要がある。カウンセリングや心理療法で用いられる技法の背景には理論が存在し，この理論をベースに技能を用いることが望まれる。

理論とは，現実的な現象を概念化した一般的な知識体系である。カウンセリングや心理療法における理論とは，人間の心理・行動を，一般性をもって説明するものということになる。噛み砕いた表現をすれば，理論とは「なぜそうするのか」の理由として提示できるものといえる。

特にカウンセリングに関する理論について國分（2009）は，「各個人の現象や事実を予測し，整理し，説明・解釈し，研究上の仮説を生み出すもの」とし，また，「人間論，性格論，問題発生の機序，援助目的，カウンセラーの役割，クライエントの役割，それぞれの答えとなり得るものがカウンセリングの理論であり，こうした理論を持ち得なければ，出たとこ勝負のカウンセリングをしていることになる」としている。こうした指摘をみると，カウンセリングをはじめとした心理・行動的側面に対する支援を行う上で，複雑な人間が一般化された"理論"を十分に知ることは必要不可欠ということになる。

また，カウンセリングや心理療法，心理的支援と呼ばれる方法が，神がかり的なものではなく，社会的資源として活用可能であるといった認識を周知するために，科学的な理論と科学的な理論に基づく方法論を提示することも重要である。したがって，理論は実証的な方法を用いて科学的な一般性を有することが望ましいといえる。

1 カウンセリングとは　17

いずれにしても，クライエントとの固有の対人関係の中で生じるさまざまな広がりを，（より科学的な）理論とその理論に基づく技法を駆使し整理しながら，問題解決を目指すプロセスがカウンセリングということになるだろう。

■……………………■ 科学者―実践家モデルとしての支援 ■

　人間の複雑な心理や行動を支援する臨床現場において，カウンセラーをはじめとした支援者が，各自の経験やその背景となる理論を駆使して支援や治療にあたっている。第3章以降の内容をみても，それぞれの臨床現場においてさまざまな課題を抱えながら，支援の対象者が「良くなること」を目指すことは共通する目標である。

　こうした中，2000年代に入ると，カンウセラーの個人的な経験をベースとした支援（もちろんこれも重要である）から，客観的で一般性を兼ね備えた支援を行うことが求められるようになる。これは科学者―実践家モデル（Scientist-Practitioner Model）と呼ばれ，各臨床現場において，信頼性・妥当性の高い，科学的で実証的な研究成果に基づく支援を行う必要性が提言されている。

　このモデルは，米国で課題となった心理的支援のコストパフォーマンスの問題が契機となり作り上げられたモデルであるといえる。米国では，現在，心理的支援の実践が健康保険制度に組み込まれ，支援の効果を客観的に測定することも求められている。また，1990年代以降，たとえば，うつ病に効果的である抗うつ剤やSSRI（選択的セロトニン再取り込み阻害薬）の効果や心理的支援活動の効果が比較検討されている（e.g. Antonuccio, D. O., Thomas, M. & Danton, W.G., 1997）。すなわち，時代的にも現実的にも，効果が実証されている心理的支援法を適用することが求められるようになり，実践の場で実証的な方法を適用し，支援の効果を証明することが迫られている。

　以上のように，カウンセリングをはじめとした心理・行動的側面に対する支援が社会にとって価値（効果）があるのか否かが問われている。これはまた本邦においても然りであり，クライエントにとって，コストパフォーマンスが高い，科学的で実証的な方法論に基づいた支援を遂行することが必要不可欠であ

り，今後こうした立場から心理的支援を行うニーズは高まるだろう。

　なお，科学的で実証的な方法論とは，臨床心理学や臨床心理学近接領域における研究をベースに構築された方法論である。したがって，臨床現場で科学者—実践家モデルに則った支援を行うのであれば，実践家は研究者としての顔を持つ必要もある。また，研究者も自身の成果を臨床現場に活かすことができるよう，クライエントのためになる研究を行う必要もある。

　一方，臨床現場は慌ただしく忙しいことも確かである。研究活動を行おうとしても時間的制限がつきまとう（研究には時間がかかる）。したがって，研究者と実践家双方が歩み寄り，研究と実践との距離を近づけることが理想である。そして，科学者—実践家モデルが有効に展開されるためには，もちろん科学者として研究の精度を上げ，臨床的に意義のある成果を発信することを怠ってはならない。

2　カウンセリングと心理療法，臨床心理学

　カウンセリングに関する定義は上述の通りである。ここでは，カウンセリングと心理療法，臨床心理学の位置づけについて若干まとめたいと思う。

　日本においてカウンセリングや心理療法を扱う学問領域は，臨床心理学や臨床心理学の近接領域である。心理学辞典（有斐閣，1999）では，臨床心理学は「主として心理・行動面の障害の治療・援助，およびこれらの障害の予防，さらに人々の心理・行動面のより健全な向上を図ることを目指す心理学の一専門分野」（高山，1999）とされている。また心理学は人間を対象とした客観的・科学的な学問領域である。したがって，臨床心理学は人間の心理・行動的問題の支援や予防，健康保持増進を目的とした科学ということになる。

　クライエントの心理・行動的問題をターゲットとし，科学的方法（理論や知識）を用い，それらの問題を解決することを支援し，また疾病予防や健康増進を目指し支援を行うプロセスをカウンセリングとするのであれば，カウンセリングが臨床心理学の中で扱われることは必然ともいえる。

また，心理療法について心理学辞典（有斐閣，1999）では「行為が極めて広範に渡り，定義付けることは難しい。限定した意味合いでは，『相談』やカウンセリングなどを除外し，あくまでセラピーつまり治療である」（中村，1999）と定義づけられている。こうした定義をみると，治療法や支援法といった方法が心理療法であるといえる。そして，心理療法を用いて，人間の各種心理・行動的問題を解決することを目標とする。クライエントの心理・行動的問題をターゲットとし，それらの問題を解決する方法を心理療法とするのであれば，カウンセリングと同様に，心理療法が臨床心理学の中で扱われることも必然といえる。

以上のように，本邦において，カウンセリング，心理療法，臨床心理学の定義をみると，それほど明確に分類されていないようである。"カウンセリング"や"心理療法"といった用語が明確に区分されていれば良いということではないが（それぞれの学問領域が明確に区分されていても，それぞれが融合し，有効な資源となる必要がある），区分の曖昧さがカウンセリングをはじめとした心理的支援そのものの曖昧さをつくり出してしまう可能性もある。こうした中，米国では，臨床心理学やカウンセリング，心理療法は明確に区分され各種研究・実践・教育が進められている。

たとえば，カウンセリングの理論や技法を研究・修得することに特化した学問領域は counseling psychology（カウンセリング心理学），心理・行動的問題を扱い，その発現・維持メカニズムを解明し，支援・治療の基礎的知見を提供する学問領域は clinical psychology（臨床心理学）と呼ばれる。そして，カウンセリングは「人間の健康的なパーソナリティをターゲットに，心理的安定と成長を促す援助をすること」であり，心理療法は，「心理的問題や苦しみの軽減を目指した，カウンセラーとクライエントとの専門的関係の下で行われる支援」とされ，臨床心理学は「心理・行動的問題をアセスメント[2]し，介入し，コンサルテーション[21]を行い，問題解決を目指す支援」とされている（Wolman, 1996）。言い換えると，カウンセリングは"個人の心理的成長を目指す支援"であり，心理療法は"パーソナリティを変容させる方法を用い，問題を改善す

る支援"であり，臨床心理学は"問題をアセスメントし，介入し，支援・助言を行うこと"となる。

　以上は，米国におけるカウンセリング・心理療法・臨床心理学の位置づけであるが，これらは，国際的基準であり，カウンセリング・心理療法・臨床心理学の目的と機能は分化しているという（下山，2007）。

　こうした中，本邦におけるカウンセリングや心理療法，臨床心理学を分化し表現すること（定義化すること）は非常に難しい。また，本邦では，心理・行動的な側面を専門的に支援することを指す"心理臨床"という表現がある。心理臨床は，カウンセリングや心理療法，臨床心理学と同様（もしくはそれらを包括し，それ以上の）意味内容を有する。下山（2007）は「心理療法を理想モデルとしながら，実際はカウンセリングを実質モデルとして大多数を構成し，『臨床心理学』がほとんど機能していないというのが，日本の臨床心理学（つまり，心理臨床）の実態である。このような複雑なねじれを含む状況が，心理臨床という用語に象徴される日本の臨床心理学の独自性の内情といえる。このねじれ現象は，日本の独自な臨床心理学の在り方を示すとともに，専門活動としての臨床心理学の発展を難しくしている面もある」と指摘している。

　カウンセリングであれ心理療法であれ，また，臨床心理学であれ心理臨床であれ，その支援の対象は「より良く生きたい」「苦しみから解放されたい」クライエントである。したがって，言葉に固執し，クライエントのことを忘れては本末転倒である。しかしながら，カウンセラーとしての専門性，心理療法家としての専門性，臨床心理士，臨床心理学の研究者としての専門性を担保しながら，共働し，心理・行動的側面に関与する専門性を高めることは必要不可欠である。

　誰かを支援するための専門性を考える際，今一度，"ことば"の定義を振り返り，整理する必要があるのかも知れない。ここでは，カウンセリング，心理療法，臨床心理学を一応のところ，以下の通り定義づける。

> **カウンセリング**
> クライエントの問題を支援することを目的としたクライエントとカウンセラーとの言語・非言語的コミュニケーション
>
> **心理療法**
> クライエントの問題を支援することを目的とした，各種理論を背景として有する支援法。カウンセリングに包括される方法論
>
> **臨床心理学**
> 特に人間の心理・行動的問題の発現・維持メカニズムの解明や心理・行動的問題の解決を目指した学問。カウンセリングや心理療法を包括した一学問体系

3 カウンセリングの歴史

カウンセリングの源流は，パーソンズ（Persons, F., 1854-1908）による職業指導運動，ソーンダイク（Thorndike, E. L., 1874-1947）の教育測定運動，ビアーズ（Beers, C. W., 1876-1943）とマイヤー（Meyer, A., 1866-1950）の精神衛生運動が挙げられる。

職業指導運動は，20世紀はじめに米国のボストン職業局において，組織的に始まったとされる。職業指導運動の必要性を説いたパーソンズは，「丸い釘は丸い穴に」というスローガンを掲げ，失業中の青年を対象に職業指導を行う重要性を示している。ここでは，"適性や能力，興味，自分自身や環境の有する資源，限界を適確に理解すること""さまざまな職業に対する利点や将来性を理解するための情報を有すること"，これらの理解や情報を駆使し，"合理的に推論すること"を目的とした。そして，"合理的に推論すること"をカウンセリングととらえ，「職業指導カウンセリング」という名称を用いている。職業指導運動の理念は，現代社会における産業カウンセリングやキャリアカウンセリングの土台となり，社会や経済の状況，環境の変化などに伴い，多様に発展

を遂げている。

　教育測定運動は、職業指導運動と同様に、20世紀はじめに米国で始まった運動である。教育測定運動の中心的人物であるソーンダイクは、「存在するものは、何らかの量をもって存在し、それを完全に知るためには、質だけでなく量を知る必要がある」と説き、人間を客観的に測定することを目指していた。時を同じくし、フランスでは、子どもの知能を客観的に測定するための検査がビネー（Binet, A., 1857-1911）により開発され、こうした客観的測定法の開発は、教育測定運動にも大きな影響を与えている。

　精神衛生運動は、ビアーズが中心となり展開した運動で、精神分析を専門とした医師マイヤーが支援した運動である。ビアーズは自身の重篤なうつ病による精神病院への入院体験を『わが魂に出会うまで』（1908）に記し、精神病院の閉鎖的な環境や入院患者の悲惨な状況を示し、患者の人権や精神科医療の環境改善などを訴えた。この訴えに賛同したマイヤーの助けを借り、コネチカット州に精神衛生協会が設立された。こうした運動は全世界的に派生し、精神科医療や精神衛生の整備に力が注がれることとなる。なお、精神疾患者を人間として支援しようという試みは、ビアーズ以前にも存在する。たとえば、ヨーロッパでは、ルネッサンスのヒューマニズムやフランス革命の自由平等主義が台頭し、"人間を尊重する風潮"を受け、ピネル（Pinel, P., 1745-1826）は、「精神疾患者を人間として尊重することにより、平静を取り戻し、扱いやすくなり、他人を脅かすことや、危害を加えることが少なくなる」ことを訴え、精神疾患者を人間として尊重する重要性に言及した。それ以前、精神疾患は魔女や悪魔にとりつかれた状態であると認識され、そこでは「自分の部屋の壁に鉄の首かせ、夜も横になれず、腰周りには鉄の輪、手足はボウルから食物（パンの薄粥）を取れるだけの長いくさりでつながれる」などの状態であったという。そして、1792年、テューク（Tuke, W., 1732-1822）により、ヨーク保養所が創立され、心理的治療を通して、スタッフと親密な関係のもとに、自分で責任を持てるような生活を支援するため、道徳療法（moral treatment）が実践される。こうした取り組みは現代の作業療法の土台となっている。

以上の支援が本格化する中，1939年にはウィリアムソン（Williamson, E. G., 1900-1979）によって心理検査を用いたカウンセリングが行われる。ウィリアムソンの取り組みは，後に特性因子理論と呼ばれ，現代の臨床的なカウンセリングに大きく影響を及ぼしている。ウィリアムソンのカウンセリングでは，クライエントの心理的特性（たとえば性格など）を適確に測定することが求められる。そして，クライエントの心理的特性から最も適応できる可能性の高い環境をみつけ出し，指導するといった意味合いが強い。したがって，カウンセリングという名称を用い紹介されるウィリアムソンの方法は，現代日本においては，コンサルテーションやガイダンスという名称を用い説明した方が良いのかも知れない。

　心理・行動的問題を扱うカウンセリングが発展する過程では，心理・行動的問題を理解するための理論と方法論が多様に提唱されている。その一部は第2章で紹介するが，臨床的なカウンセリングは，上述したコンサルテーションやガイダンスのように，ある種，指示的なものであった。こうした中，指示的なカウンセリングから支持的なカウンセリングへと変化を遂げる。

　指示的なカウンセリングに対し，人間性心理学の立場に立ち，人間の成長する力を強調し，クライエントが持つ"良くなる力"を最大限引き出すといった立場に立つカウンセリングがロジャーズ（Rogers, C., 1902-1987）により1942年に提唱された。その後，ロジャーズの非指示的なカウンセリングは国際的にも受け入れられ，来談者中心療法という一心理療法として体系化される。現代日本において，カウンセリングといった時，来談者中心療法を用いた支援を意味することも多い。来談者中心療法では，クライエントに傾聴し共感することを必要としている（傾聴も共感もロジャーズによる自己理論に基づくものであり，意味もなく聴き共感することではない。自己理論については第2章をはじめ，他書などで十分に学ぶ必要がある）。したがって，各種存在する心理療法を適用する前提として，来談者中心療法もしくは来談者中心療法に近い"クライエントを聴く姿勢"は欠かすことができない。

　人間の良くなる力を強調したカウンセリングが発展する中，1950年代になる

と，より客観性を重視した支援法が開発される。この方法はワトソン（Watson, J. B., 1878-1958）による行動理論に基づき開発された行動療法である。行動療法はウォルピ（Wolpe, J., 1915-1997）やアイゼンク（Eysenck, H. J., 1916-1997）などにより実証的に検討が進められた支援法である。行動療法が効果的な支援法であるとの認識が高まる中，認知心理学の発展に伴い，認知療法が誕生する。認知心理学以前では，人間の認知はブラックボックスとして扱われていたが，バンデューラの観察学習やマイケンバウムのストレス免疫訓練などにより，ブラックボックスであった認知的過程がより明確な支援対象として扱われるようになる。認知療法を体系化した中心的人物はベック（Beck, A. T., 1921-）であり，人間の認知的側面に対するアプローチ法として有力な方法を提供している。そして，現代では，行動面に対する支援法と認知面に対する支援法のパッケージは認知行動療法と呼ばれ，各種精神疾患の治療効果が認められている。

　行動療法，認知療法は本書の定義でいえば，心理療法である。したがって，カウンセリングのプロセスの中で適用される方法である。しかしながら，心理療法を適用する前提では，カウンセリング的（誤解を恐れずいえば，来談者中心療法的）アプローチが土台となる。カウンセリングが発展する中で，体系化された心理療法がカウンセリングの在り方を変えたこともまた確かである。

4　カウンセリングの領域

　カウンセリングを適用し得る領域は多岐にわたる。ここでは，カウンセリングを用いて対人支援を行う臨床現場の内，本書の第3章から第6章で取り上げる臨床現場をまとめて紹介する。

■……………………………………………………■　医療領域　■

　いわゆる病院・医院また，クリニックなどと呼ばれる臨床領域である。医療の領域には，クライエント（患者）自身が不調を感じ（自分の不調を認識してい

る状態を「病識がある」と表現する）訪れる例，病識がなく，家族や他者に連れられて訪れる例がある。また，精神疾患の診断基準に合致するような状態にあるクライエント（患者）や神経症・心身症の状態にあるクライエント（患者）など多様である。

病院・クリニックの両者とも○○科という診療科が標榜される。こうした中，特に精神疾患や神経症・心身症が範疇となる診療科は精神科と心療内科（1998年に正式に診療科として独立した）であろう。精神科に訪れるクライエント（患者）の多くが統合失調症であるが，近年，抑うつや不安を主訴とするクライエント（患者）が増加し，心身症・神経症の治療を行う心療内科も精神科同様，その役割は大きなものとなっている。

■･･････････････････■ 学校領域（特にスクールカウンセリング）■

本書では，学校として特に義務教育場面における心理的支援を扱っているが，広く学校臨床といった場合，小学校・中学校の義務教育場面に留まらず，高等学校や専門学校，大学の心理相談を含めることもある。

小中学校における支援をみた場合，カウンセラーが果たす役割は大きく2つある。それは，"子どもと保護者，学校関係者に対するカウンセリング"と"学校関係機関に対するコンサルテーション"である。小中学校や高等学校でカウンセリングを行う専門家はスクールカウンセラーと呼ばれることが多い。

スクールカウンセラーは各学校に設置される相談室や保健室などで支援にあたるが，何よりも重要なことは，学校という環境の中で子ども達がどのように生活し関係し問題を持つに至るかを知ることである。したがって，相談室や保健室において個別の相談を行うと同時に，校内の様子を知り，スクールカウンセラーという存在を子どもや教職員に周知することも重要である。更に学校と関連する機関（たとえば，教育相談室や適応指導教室，教育委員会の関連部局など）と相互に連携しながら支援を行う。

近年，スクールカウンセラーは多くの学校に配置され，"知られる存在"にはなったかも知れない。しかし，学校という文化からすると，スクールカウン

セラーがある種"異質"な存在であることは否めない。スクールカウンセラーの努力により，学校という社会のニーズに合った支援を実行する必要もあるだろう。なお，学校領域における心理的支援はスクールカウンセリングのみではなく，教育相談なども重要な役割を果たす。教育相談については第4章に詳しい。

■……………………………………………………■ 産　業 ■

　産業領域では，特に働く人を支援することが課題となる。産業領域における仕事も幅広く，たとえば，"職場のメンタルヘルスの保持増進と予防"，"精神疾患をはじめとする疾病の早期発見と改善"，"休職時や復職時の支援"，"キャリアカウンセリング⑪またはキャリア・デベロップメント⑫"などが主要な仕事となる。特に，メンタルヘルスの保持増進や予防や早期発見と改善を目指す際，セルフケアやラインケアの資源を提供しながら，個別の支援を実施する必要もある。

　セルフケアとは，労働者が自身の心身の健康保持増進や予防を目指し，自分自身をケアすることを指す。現在のところ，ストレスマネジメントに係る方法を提供し，その方法を労働者自らが自らに適用するといったことが行われている。

　ラインケアとは，職場の上司から部下に対して組織（ライン）でケアすることを指す。心理的な問題は可視化することができず，傍目からすると「怠けている」などと認識されることも少なくない。したがって，ラインケアを行う際，まずは上司に，ケアに必要な情報（たとえば，うつ病の本質的な情報など）を提示し，その後，具体的な方法を示すことが必要である。あわせて，上司がセルフケアするための情報を提供することも忘れてはならない。

■……………………………………………………■ 行　政 ■

　行政における支援といっても，支援の方法は多様であり，また，支援を担う機関も多様である。こうした中，精神保健福祉センターや保健所など，各都道

府県や市町村に設置される行政機関は，精神疾患や各種心理・行動的問題について支援を行う基幹となっている。

心理的支援を担う行政機関では，統合失調症や薬物やアルコール依存[3]，うつ病などを対象とした支援をはじめ，地域住民の有する心理・行動的問題について支援を行う窓口となる重要な役割を果たしている。また，第１次予防を目指し，予防のための情報を提供することなどは，心身の健康を保持・増進するためにも必要不可欠であり，こうした啓発活動も行政機関の重要な役割となっている。本書で紹介する埼玉県精神保健福祉センターでは，社会復帰部門が設けられ，デイケア[51]や各種プログラムなどを通して，利用者（支援対象者）の生活支援を行うなど特徴的な支援活動が実践されている。

■引用・参考文献

Antonuccio, D. O., Thomas, M., & Danton, W. G. 1997 A Cost-Effectiveness Analysis of Cognitive Behavior Therapy and Fluoxetine (Drozac) in the Treatment of Depression, *Behavioral Therapy* 20, 187-210.

土井健朗　2006　新訂 方法としての面接　臨床家のために　医学書院

國分康孝　2009　カウンセリングの理論　誠信書房

國分康孝　2011　カウンセリングの技法　誠信書房

熊倉伸宏　2002　面接法　新興医学出版社

楡木満生　2005　１．カウンセリング理論の歴史　松原達哉・楡木満生・澤田富雄・宮城まり子共編　心のケアのためのカウンセリング大事典　培風館

下山晴彦　2010　臨床心理学を学ぶ①　これからの臨床心理学　東京大学出版会

霜山徳爾監・鍋田恭孝編　2003　心理療法を学ぶ　有斐閣選書

高山巌　2001　臨床心理学　中島義明・安藤清志・子安増生・坂野雄二・繁桝算男・立花政夫・箱田裕司編　心理学辞典　有斐閣

氏原寛・成田善弘・東山紘久・山中康裕編　2004　心理臨床大事典　培風館

Wolman, B. B. (Ed.) 1996 *The Encyclopaedia of Psychiatry, Psychology and Psychoanalysis*. New York : Henry Holt and Company.

第2章 カウンセリングの理論

　第1章で紹介した通り，カウンセリングの概念は幅広い。また，歴史的にみても，多様な学問・実践領域と密接に関連を有する。

　こうした中，カウンセリングをはじめとした心理や行動的側面に対する支援がより一般化し，近年では，カウンセリングが"そのカウンセラーにしかできない特別な方法"に陥らないためにも，その方法論は体系化され，かつ，その方法論を用いて支援を行った際の効果についても実証されている必要があるといった考え方もある。

　カウンセリングや支援の方法論を体系化することや効果を実証することは，臨床心理学領域の研究をはじめ各種心理学領域で実際に行われている。また，数々の研究成果が臨床現場に還元され，クライエントにとって有益な資源を提供することも実現されている。今後，研究と臨床現場との距離は一層近くなることが望まれる。そして，evidence（根拠）のある実証的な方法（研究により実証された方法）が臨床現場において用いられることで，より有効な支援の実現が期待できる。

　一方で，体系的な方法論に基づき，その技法を適用することのみがカウンセリングかといえば，そうではない。カウンセリングの上達には，基盤となる理論や方法（技法）を十分に学び，経験を積み，経験豊富なスーパーバイザーにスーパービジョンを受けながら自己研鑽することが必要不可欠である。また，経験と理論や技法を広く修得し，折衷させながら支援を行う必要もある。カウンセリングをはじめとした心理・行動的側面に対する支援を行う前提として，理論を知った上で十分に経験を重ね，期待される専門性を発揮することが必要

不可欠である。

　本章では，カウンセリングの実践の基盤となる理論の内，来談者中心療法の基盤ともなっている自己理論について紹介する。

1　きくこと・みること

　第3章以降で記述されている各現場におけるカウンセリングや心理的支援をみると，共通して，"支援の対象となる者の情報を収集すること"の重要性が示されている。情報とは，支援対象者の主訴や心理・行動的な特徴をはじめ，生い立ちや家族関係，友人関係などといった支援対象者の背景に至るまで多様な情報である。

　カウンセリングや心理的支援を実践する際，膨大な情報の全てを網羅して知ることは難しい。しかしながら，できる限りの情報を集め，その人の特徴をつかみ，支援の計画を立てることは必要不可欠である。膨大な情報をできる限り集めるためには，支援対象者を本質的に"きく"・"みる"ことが求められる。

　"きく"は"聴く"であり，"みる"は"観る"である。"聴く"は聞くや訊くでもなく，事情聴取とも異なり，自然な対話の中で耳を傾ける（傾聴）ことを指す。また，"観る"は"見る"ではなく，注意深く観察することを指す。

　このように，カウンセリングや心理的支援のプロセスでは，傾聴し観察することが必要不可欠であり，聴いて観るトレーニングを重ねることも大切である。

　さて，膨大な情報とは，自分自身（支援対象者自身）の情報であり，その情報は，自己概念に蓄積された情報といえる。自己概念とは，自己イメージを形成するための情報が詰まった個人的な場所であり，生まれてから今に至るまでの経験から獲得される情報が含有されている。

　自己概念に含まれる情報は，主観的情報と客観的情報に大別することができる。主観的情報とは他者からも自分自身でも完全に認識することは難しい情報（たとえば，感情や思考の形態，性格など）であり，客観的情報は，他者から観察

することが可能な情報（たとえば氏名や属性，体型や行動の形態など）である。カウンセリングや心理的支援を実践するプロセスでは，主観的情報・客観的情報の両者をなるべく十分に聴き・観る必要がある。

こうした中，特に主観的情報を聴き・観ることは難しい（前述の通り，主観的情報は，他者や自分自身でも完全に認識することが難しい）。しかしながら，支援対象者との信頼関係（ラポール）を築き，主観的情報を，時間をかけながらも整理するプロセスは重要な意味を持つ。

2 聴く対象

ロジャーズは，「われわれが日常で体験している世界は，各個人の主観的な認識によって成立している"いわば私的な場，私的な世界"である」とし，その私的な世界を現象的場（phenomenal field）としている。たとえばある個人の体験は，その人自身が個人的（主観的）に受け取っている特有の私的な世界であり，この私的世界が現象的場である。

現象的場は自身の膨大な情報が蓄積された場所であり，自己概念と同様の概念といえる。したがって，現象的場を聴き・観ることも重要となるが，自己概念同様，現象的場に蓄積された情報をすべて把握することは至難の業である。

こうした中，日々の体験がそのまま現象的場に蓄積されるかといえば，そうではなく，個々人の持つ内的準拠枠（internal frame of reference）を通して蓄積される。内的準拠枠は，個々人の有する判断基準や価値基準であり，ある体験は，その人の価値基準により質を変え，現象的場に蓄積されると考えられる（図2-1）。

したがって，現象的場を知る前提として，内的準拠枠を十分に理解することが求められる。「支援対象者を理解するためには，その人の内的準拠枠に立ってみることが最適である」といわれるように，他者の多様な情報を整理し，対人理解を促進するためには，その人の内的準拠枠（判断基準，価値基準）を十分に知り，それを"あたかも自分の基準であるかのように"共感することが必

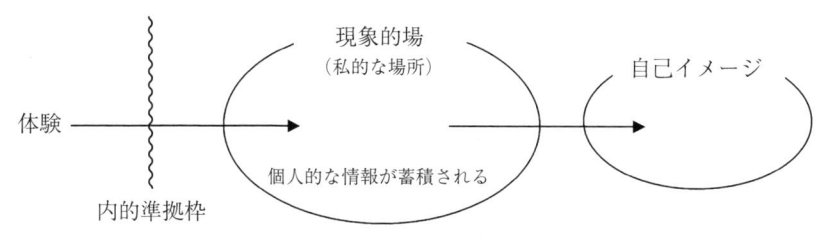

自己イメージは現象的場に蓄積された情報から必要なものを抽出し，まとめあげることで形成される。したがって，否定的情報が抽出された場合，否定的な自己イメージが形成されることも考えられる。

図2-1　内的準拠枠と現象的場
(伊東編訳，2001，パースナリティ理論，ロジャーズ全集第8巻をもとに筆者が作成)

要不可欠となる。また，他者の内的準拠枠を"あたかも自分の基準であるかのように"感じ取り共感するためには，カウンセラーの純粋性が求められる。上述した内容から考えた場合，純粋性とは，カウンセラーが持つ基準をもって支援対象者の基準を評価しないために求められるカウンセラーの専門性ともいえる。

3 自己理論

　来談者中心療法では，その基礎的概念として，現象的場や内的準拠枠を規定ている。これらは両者とも万人が有するものと想定され，現象的場や内的準拠枠を持つこと自体には何ら問題はない。

　カウンセリングや心理的支援が必要となる心理・行動的問題は，現象的場や内的準拠枠といった構成概念に基づき想定されている自己理論によって説明されている。自己理論では，現実的な体験と理想自己（理想とする自分，こうあらねばならぬ自分）との一致度を取り上げ，一致度が高い場合は適応状態（自己一致状態），一致度が低い場合は，心理的緊張状態と考える（図2-2）。

　理想的自己は，現象的場から「こうあらねばならぬ，こうありたい」といっ

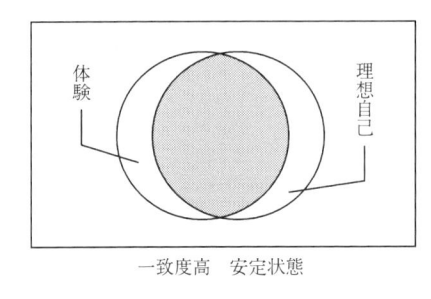

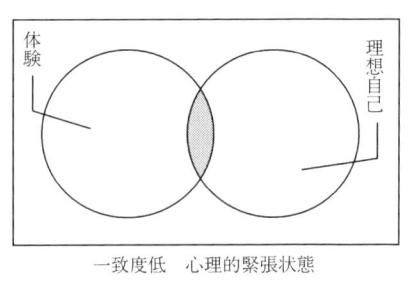

図2-2　自己一致

（伊東編訳，2001．パースナリティ理論．ロジャーズ全集第8巻をもとに筆者作成）

た自身の情報がまとめられた自己イメージ（図2-1）と考えられる。自己理論における適応論からすれば，現実的な体験と理想的な自己イメージとの一致度を高めるために，たとえば，理想的な自己イメージが肥大したものでないかを精査し（聴き・観ることで情報を整理し），理想的な自己イメージが心理・行動的問題の元凶となっている場合は，理想的な自己イメージ自体を扱い，関与する必要がある。

理想的な自己イメージは，元を辿れば現象的場に蓄積された情報であり，その情報は内的準拠枠に依拠する。したがって，理想的な自己イメージに関与し，自己一致を促進するためには，カウンセラーは支援対象者の内的準拠枠を理解することが求められる。「こうあらねばならない自分」（理想自己）は「こうあらねばならない基準」（内的準拠枠）に影響を受け形成されている自分であり，支援のプロセスでは，「こうあらねばならない基準」を修正することも求められる。

個人が有する厳格な基準を，カウンセラーを含め他者が変えることは難しく，ここでは，各種心理療法（たとえば，認知療法や認知行動療法など）を適用することで，"より良い方向への修正"の可能性が広がる。また，来談者中心療法では，前述の通り，支援対象者自身との信頼関係の下，カウンセラーが純粋性をもって傾聴し共感することで，問題の整理（たとえば，肥大した理想自己の変容）を目指す。

来談者中心療法で用いられる自己理論や各種技法，カウンセリングに対するカウンセラーの姿勢（傾聴・共感・純粋性など）は対人支援を実践する上で欠かすことができないものである。しかしながら，精神疾患や行動的な障害の中には，来談者中心療法のみでは改善を見込むことができない場合も多々ある。こうした場合は，より適確な方法（心理療法）を採用することや，多面的な理解（精神分析や人間性心理学，実存主義や行動主義，認知行動的な人間理解など）が必要であり，ここでも，さまざまな基礎理論や方法論を学ぶことは欠かすことができない。

　第1章および第2章では，カウンセリングや心理的支援の位置づけや歴史，来談者中心療法の理論についてごく簡単に述べた。現在，有用な情報を提供する書籍や論文は多数刊行され，カウンセリングや心理的支援を実践するバイブルとなるようなものも数多く存在する。こうした有用な情報をできる限り多く取り入れることは，カウンセリングや心理的支援の実践に大いに役立つものとなる。

■引用・参考文献

東山紘久　2004　第3部　心理療法　氏原寛・成田善弘・東山紘久・山中康裕編　心理臨床大事典　培風館

Rogers, C. R. 1959 A theory of therapy, personality, and interpersonal relationship as developed in the client-centered framework. In Koch, S. (Ed.), *A study of a science*. Vol. 3. *Formulations of the person and the social context*. McGraw-Hill.（ロジャーズ，C. R. 伊東博編訳　2001　パースナリティ理論　ロジャーズ全集第8巻　岩崎学術出版社）

佐治守夫・岡村達也・保坂亨　2003　カウンセリングを学ぶ　理論・体験・実践　東京大学出版会

第3章　医療

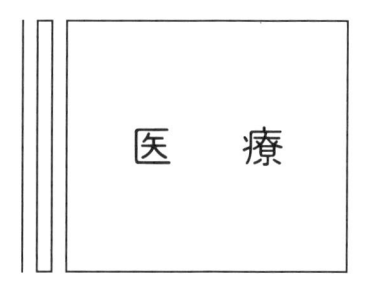

1　医療現場におけるカウンセリングの考え方

　カウンセリングは医療現場では非常に幅広く活用されている技術である。しかし，医療はさまざまな科に分かれて診療を行っており，診療科によってカウンセリングの用いられ方は異なっている。また，医療機関の在り方も，科が複合した総合病院もあれば，単科の病院もある。カウンセリングの考え方や用い方は病院の在り方によってもさまざまである。そのため，全国的スタンダードといえるような医療現場におけるカウンセリングの考え方を紹介することは難しい。

　そこでこの章では，まず精神科で行われるカウンセリングを中心に紹介し，次に心療内科について紹介しよう。なお，医療機関には医師1人以上で19床以下の診療所（クリニック，医院とも呼ばれる），医師3人以上で20床以上の病院に分けられ，診療所にも入院施設を持つ場合と持たない場合があるなど，さまざまな形態がある。ここでは，これらの総称として医療機関と表す。

1　精神科におけるカウンセリングの流れ

　精神科は躁うつ病，統合失調症，摂食障害，パーソナリティ障害，パニック障害，適応障害，などの精神疾患に悩む人が受診する（長尾・岸本，2010）。その定義は表3-1のように表すことができるが，精神科は医療機関ごとに特徴があることが多く，特定の精神疾患が集まりやすい医療機関，精神疾患では括

表3-1 精神科の定義，対象，措置

精神科の定義	代表的な精神疾患	代表的な措置
精神疾患を対象とする診療科目。精神医学に基づいて診断・治療を行う精神科医が担当する。	躁うつ病 統合失調症 摂食障害 パーソナリティ障害 パニック障害 適応障害 不安障害，など	薬物療法 精神療法 作業療法 デイケア 転地療法 カウンセリング 入院，など

れない何らかのタイプの患者が集まりやすい医療機関など，さまざまである。そのような現場では教科書やルール通りに業務が進むことは稀であり，現場の必要性に応じた工夫の中で医療機関独自の運用も少なくない。そのためカウンセリングの位置づけや内容もまちまちであるが，ここでは筆者の経験の範囲内で相対的に多いと思われる精神科のカウンセリングを，まずは受診からの流れに沿って紹介しよう。

一般的に，医療サービスは患者本人および家族などの関係者（医療機関などでは家人と呼ばれることが多い）が症状に困って，援助と治療を求めることから始まる。精神科の場合は他の診療科よりも受診への抵抗感が強い場合が多く，患者本人や家人は本当に困り果てて受診することが多い。その中で，医師による診察前の"予診"と呼ばれる初期の段階でカウンセリング的な対応が必要になる可能性がある。なお，精神科で受診からカウンセリングに至るまでの過程

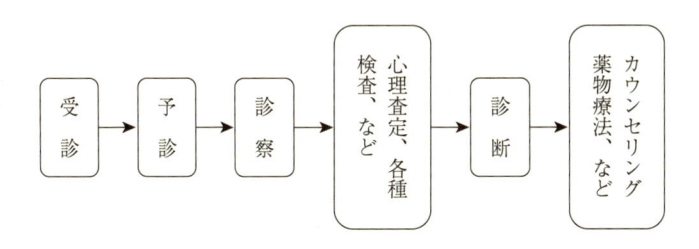

受診 → 予診 → 診察 → 心理査定、各種検査、など → 診断 → カウンセリング、薬物療法、など

図3-1 精神科におけるカウンセリングまでの流れ

は図3-1を参照のこと。

■···■ 予 診 ■

　予診とは，医師が診察をスムーズに行えるように，コメディカルスタッフ[20]（医師の医行為に協力するスタッフ）や若手の医師があらかじめ診察で必要となる情報を聞きとって，担当の医師に資料として提供するために行う業務である（笠原，2007）。そのため，必ずしも心理職が行うわけではない。また，予診は症状の改善や何らかの問題の解決を目指すカウンセリングではない。しかし，相手は援助を求めて受診した患者やその家人であり，苦悩を抱える当事者である。医療機関という社会的に信頼された場の力で患者や家人は医師だけでなくコメディカルスタッフにもある程度の信頼を寄せてくれるが，一般的にははじめて精神科に受診する時は緊張感を持つ場合が多い。そのため，患者は敏感になっている場合もあるし，情緒的に混乱している場合もある。家人も医療関係者に訴えたい憤懣や苦悩に満ちている場合もある。また不本意受診の場合は患者が警戒していることもある。よって，予診といえども機械的な聞きとりや，単なる情報の聴取では済まないことが多い。

　予診の担当者は患者や家人に必要な情報を安心して話してもらい，更に話を整理し方向づけるためのスキルが必要である。このスキルにはカウンセリングのスキルとの重なりが多いので，ある程度のカウンセリングのトレーニングを受けた者が行うことが多い。

　なお，予診を実際に担当するには精神医学の知識，診察をする医師が依って立つ診断の枠組みに関する知識を身につけて活用できることが必要である。また，医療機関や医師によっても必要とする情報は異なることがあるので，担当医の考え方をよく理解することも必要である。

■···■ 診察から査定へ ■

　医師は診断に基づいて治療方針を策定する。医師には薬物療法，作業療法[22]，デイケア[51]，転地療法[53]，休養の指示，入院など，さまざまな治療のための選択肢

があり，各医師の判断でその患者に最適と思われる処遇を構成する。心理職が関わらない処遇も多いが，その中に心理査定やカウンセリングのような心理学的な専門性を要するものがある。

　流れとしては，心理査定を経ずにカウンセリングに回る場合もあるが，基本的には心理査定を経てカウンセリングに回る。心理査定は本章の主目的ではないので詳細は割愛するが，若干の説明を加えよう。医療機関で行われる心理検査にはウェクスラー式知能検査などの知能検査，文章完成法，コーネル・メディカル・インデックス，東大式エゴグラムなどの質問紙法，ロールシャッハ・テストなどの投影法，内田クレペリン精神作業検査などの作業検査法，バウムテスト，風景構成法などの描画法，などがある。これらは医療機関や担当の医師によって用いられ方が異なっているが，ロールシャッハ・テスト，知能検査，文章完成法，描画法などの使用頻度が高いようである。

　これらの心理査定は診断の補助に必要であると医師が認めた場合に依頼される。医師は予診の情報や患者本人および家族など関係者からの情報をもとに診断を下すが，患者がどのような状況や場面でどのように反応しているのか，実際に観察できるわけではない。患者や関係者の話し方や言葉の使い方も微妙に異なっていることがあり，話だけでは十分に診断を下せない場合もある。標準化された心理査定法は同じ検査に対する反応や対応の人それぞれの違いを確認できるツールである。反応や対応の違いが何を表しているかの解釈には注意が必要だが，心理査定を通すことで相対的な患者本人の特徴を知る手がかりにはなる。心理査定の結果は医師の診断にとどまらず，その後のカウンセリングの方針や予後の見立てを考えるためにカウンセラーが心理査定の結果を参照することが多い。

■……………………………■ 診断からカウンセリングへ ■

　精神科では医師による診断を経てカウンセリングに回ることが多いが，中には暫定的な診断でカウンセリングに回ることもある。診断が暫定的になる例としては，思春期や青年期の患者や典型例とは異なる症状の現れ方をしている患

者など，経過を追った診断が必要な場合がある。

　思春期や青年期の場合，発達的な変化が大きい時期であり，この変化を本人も家族などの関係者も持て余してさまざまなストレスやトラブルに直面することがある（中根ら，2008）。本人も自分についての理解が浅く，家族などの関係者も扱い方がわからない状況では，お互いに身動きがとれず不満や憤懣，無力感，絶望感などネガティブな気持ちを抱え込みやすい。また，人生や生活の方向性も定まっていないので，ネガティブな気持ちにはまり込んでしまいやすい。このことで，精神的な問題に発展することもあるが，生活状況もパーソナリティも比較的変化しやすい時期でもあるため，経過もさまざまである。このように発達的な変化が大きい可能性がある場合は，暫定的な診断でカウンセリングに回ることが少なくない。

　典型例と大きく違う例としては，たとえば統合失調症と躁うつ病の区別がなかなか明確にならない，いわゆる非定型精神病と呼ばれる病態などがある。ふと気分が安定した瞬間には現実的，客観的に自分自身と状況をみているようなこともあるが，躁うつ病の躁状態のように気分が高揚している時は多弁・多動で誇大な表現が目立ち，怒りやすくなる時もある。その一方で，「テレビで自分の秘密が流されている」，「見張られている」などの現実とは思えない妄想じみた話をしたりする。長い経過の中で統合失調症の症状と躁うつ病の症状を繰り返すことがあるので，経過診断が必要になってくる。

　このような場合は，カウンセリングの中で明らかになるさまざまな情報や経過の情報そのものがより正確な診断のための資料として医師に活用されることもある。また，カウンセリングが始まってから必要に応じて心理査定を実施することもある。

2　精神疾患の内因，心因，外因とカウンセリング

　医師がカウンセリングに求めているもの，期待していることは医師によって異なる場合が多いが，医師が精神疾患の原因をどのように考えているかによってカウンセリングに期待される役割が異なる場合もある。

表3-2 精神疾患の内因，心因，外因

内因	心因	外因
はっきり特定できにくいが，何らかの脳レベルの器質的な異常。	虐待，慢性的な過労やストレスなどの生活環境や失恋などのライフイベントなど心理面に影響が深い出来事や状況。	薬物やアルコールの乱用，甲状腺機能の異常亢進，脳損傷など，明確に特定できる器質性の異常。

(笠原，2007)

　医師の多くは広く用いられている診断基準のほかに，症状への影響力が強いと思われる原因を大きく"内因"，"心因"，"外因"の3つに分類していることが多い（表3-2）。実際の原因はこの複数が複合していることも多いが，影響力が強いと思われる原因ごとにカウンセリングの役割を紹介しよう。

■··■ 内因とカウンセリング ■

　まず，内因とは脳の器質的異常と思われるが，その原因が明確には不明なものである。たとえば，統合失調症は脳の情報伝達物質のドーパミンやグルタミン酸の代謝異常や前頭前野による認知機能の障害などが原因と考えられている。同様に躁うつ病も感情の調整に関わるセロトニンや快楽に関わるノルアドレナリンの代謝異常などが原因と考えられている。このように内因性の精神疾患は体質的な原因によるものなので，症状に応じて薬物が処方されることが多い。そのためカウンセリングが処方されない場合も多い。

　しかし，対話が患者の負担や治療の障害にならない場合はカウンセリングが効果を持つことがある。たとえば，疾患のために家族や学業・仕事から離れてしまい，社会的に孤立して誰とも話さないような生活をしていると生活のリズムが崩れやすい。また，日々のさまざまな想いを誰にも聞いてもらえない状況が続くと孤独感が増して自尊心も損なわれていく。カウンセラーに定期的に会うことが，生活のリズムを整えるひとつの日課になり，またカウンセラーに支持的，受容的に対応されることで自尊心の回復や生活の質の向上を図ることが

できる。更に, 内因性の精神疾患であっても患者は医療機関で受けるさまざまな処遇に対してさまざまな気持ちや感想を持つこともあり, このような気持ちを無視せずに扱うことで医療に対する患者の満足度を高めることもできる。このように, カウンセリングで疾患が直接的に改善しない場合でも, カウンセリングを行うことで医療がより効果的になり, 患者の生活に活かされることがある。なお, 生活の改善を目指したカウンセリングを生活志向のアプローチと呼ぶ場合もある。

また, 内因性の精神疾患であっても, カウンセリングが直接的に症状の軽減に役立つこともある。たとえば, 症状や苦悩がひどくなる状況や患者自身の行動と症状や苦悩が軽くなる状況や行動を探る, などの方法で症状についての理解を深めることで, 症状とのつきあい方を考えるカウンセリングが該当する。患者側に考える力や意欲があれば, このような方法で直接的に症状を軽減することも可能である。

■··■ 心因とカウンセリング ■

次に心因について, 生活環境におけるストレスや負担の大きいライフイベントといった, 心理面に影響のある出来事や経験への反応として精神的な症状が出ていると考えられるものを心因性精神疾患という。中でも, 原因となる出来事が特定できるものは"反応性"と呼ぶことがある。たとえば, 失恋による大きなショックや上司の継続的なパワーハラスメントのストレス, などの心理的負担から自信を強く失って, 自分自身と将来を悲観してうつ病に至った場合などは"反応性うつ病"と呼ばれることもある。

心因性といっても内因性と同様に症状が重い場合も少なくない。たとえば強いストレスにさらされる状態が続くということは, ストレスに対応した感情, つまり不安や焦燥感, 怒りなどの気分的に重い状態が長く続くということである。また, 失恋やトラウマティックな体験のように出来事そのものは一時的でも, 心の中で繰り返し思い出してしまい (心理学では無意図想起やネガティブな反芻と呼ばれる現象), 心理的にはその体験を繰り返してしまう場合も, 気分的

に重い状態が続く。人の心には気分一致効果，すなわち気分に沿った方向に物事を考えるという仕組みがあるために，気分的に重い状態が続くことで重い考え方がどんどんエスカレートすることがある。結果的に現実離れした妄想を抱くことになったり，重い気分に疲れはてて自分が誰で何をしているのかはっきりしなくなる解離性障害⑧の状態に陥ることもある。

　心因性精神疾患の場合も対症療法としての薬物療法が用いられることが多いが，内因性よりもカウンセリングが直接的な効果を持つことが多い。カウンセリングの方向性としては，発症に至った心理―社会的な過程を十分に理解して（日本の臨床心理学では"見立て"と呼ぶ），どのような心理的な介入が効果的なのか検討しながら慎重に行う。基本的には出来事や状況への心理的な反応と考えるが，個人の性格や習慣，信念などの個人的要因が発症に関わっていることが多い。そのため，何にどのように介入するのか，何をどのように変化させようとするのか，本人と話し合いながら進める必要がある。

　なお，基本的には医療現場では上述の内因および次に紹介する外因による発症の可能性が低い，つまり原因となる生活環境やライフイベントがなければ発症しなかったと考えられる場合に心因性精神疾患と考えられる。

■··■ 外因とカウンセリング ■

　最後に外因とは，精神疾患の原因の中でも現代の医学で明確に特定できる身体的，器質的な損傷や病気，異常のことである。たとえば，脳そのものの病気，事故や脳内出血などの外傷的な脳の損傷，脳以外の身体的な病気，薬物や何らかの物質中毒などが原因で精神障害が現れるものをいう。たとえば，事故での脳の外傷，脳腫瘍，脳の血管性の病気，認知症やアルツハイマー症による意識の障害や性格の変化，アルコールや薬物，覚せい剤や一酸化炭素などによる中毒による精神の障害がこの外因性にあたる。また，腎臓病，肝臓病，代謝性疾患，感染性疾患，甲状腺機能亢進症などの脳以外の身体の疾患が原因になることもある。

　このような外因性精神疾患では精神科による治療よりも，むしろそれぞれ原

因となる診療科に該当する医学的な治療が必要となる。脳の損壊や感染症にどれだけ向精神薬を処方したり，カウンセリングを行っても効果的ではない。それぞれの診療科で病状に応じた薬物療法や手術などが行われるが，その中で改善に向けたカウンセリングが行われることもある。

3　精神科における"カウンセリング"

医療機関でのカウンセリングは，原則として医師が必要性を認めた場合に医師の判断で心理職にカウンセリングの指示や依頼を出す。しかし，常に医師から心理職へという一方通行というわけではない。医師との信頼関係が厚い経験の豊富な心理職は，医師にカウンセリングの必要性を伝えて指示を出してもらえるように相談をする場合もある。

■……………………■　カウンセリングと心理療法，精神療法　■

ここでいう"カウンセリング"は医療機関によって，また医師によって考え方が異なるが，日本では狭い意味でのカウンセリングといわゆる心理療法を含んだ広い概念でとらえられている場合が多い。そこで，まずはカウンセリングと心理療法についてそれぞれの一般的な意味を説明しよう。

狭い意味でのカウンセリングとは，具体的な問題解決に向けた相談のことを表している。そのため，対象者は問題について具体的，現実的に考えられて，解決に向けた行動をとることができる状態や状況にあることが前提である。つまり，何らかの問題や課題に悩んでいるが，"人"として普通に機能できる状況にある人を対象にしている。具体的には，就労や不登校，家族関係，職場の人間関係など，比較的ありがちで現実的な問題に悩み，自分自身を傷つける可能性や自殺のリスクが低く，また他者を傷つけるような重篤な問題を起こす可能性が少ない人が主な対象である。また，自分自身と抱えている問題に対する現実的な検討ができる状態にあることも重要である。このように狭い意味でのカウンセリングとは，具体的で現実的な問題の解決や軽減を目指して，現実的な対処の方法を見つけることを目指した相談であるといえる。

1 医療現場におけるカウンセリングの考え方 43

　なお，医療現場では心理職以外の職種，たとえば精神保健福祉士[43]の業務にもカウンセリングが挙げられている。これは精神疾患に悩む本人および家族に対して，悩み事に影響する環境要因の調整や生活の維持について相談にのる業務を表している。

　一方，心理療法とは対象者の心理学的なメカニズムに働きかけて，症状の改善や適応状況の維持・回復を目指す方法の総称であり，対象には統合失調症，うつ病，摂食障害，パーソナリティ障害のような重度から中度の精神疾患も含まれる。重症度について，問題解決に向けて知的なスキルを活用できる状況・状態にあるかどうかは専門的な判断が必要な場合も少なくない。つまり，カウンセリングの対象者よりもかなり重篤な問題を抱えた人を対象にしているものが心理療法である。

　心理療法とカウンセリングは少なくとも近年の米国でははっきりと区別されており，対象も方法も異なる別種の業務と考えられている。しかし，日本では心理職の業務としての心理療法とカウンセリングの区別を曖昧にして表現することが多く，特に医療現場ではこの傾向が強い（杉山，2010）。その理由としては，①繰り返して継続的に行われる医行為は，原則として医師自身または医師の指示および指導のもとで専門の技術者によって行われる必要があること，②心理療法のように○○療法という名称は医行為であると解釈される可能性があること，③その一方で，心理職の心理療法は医療現場では公式に位置づけられておらず，心理職も医師とは異なる独自の専門性があると主張することが多いこと，が挙げられることが多い。

　つまり，心理療法は医師が行うべき医行為と解釈される可能性がある呼び方であるのに，独自の専門性を心理職が主張するなど医行為として公式に位置づけしにくく，ここに矛盾が生じる可能性があるといえる。心理療法という用語は医療現場で用いるには慎重にならざるを得ない。

　このような理由から医療現場では心理療法という用語を積極的には用いずに，心理療法的な業務も含めて"カウンセリング"の用語を広めに解釈して用いる傾向がある（図3-2）。また患者側からみた場合，「心理療法を受ける」

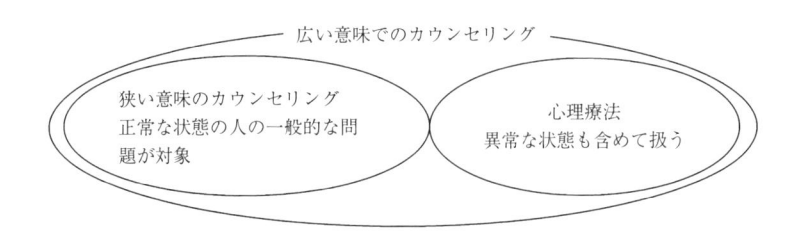

```
          ┌─── 広い意味でのカウンセリング ───┐
  ╭─────────────────╮       ╭─────────────────╮
 ╱ 狭い意味のカウンセリング ╲     ╱    心理療法         ╲
│ 正常な状態の人の一般的な問 │   │ 異常な状態も含めて扱う │
 ╲ 題が対象              ╱     ╲                    ╱
  ╰─────────────────╯       ╰─────────────────╯
```

図3-2 カウンセリングと心理療法

と「カウンセリングを受ける」を比較すると，後者の方がやや柔らかい印象が持たれる場合が多い。このような理由からも医療現場ではカウンセリングという言葉が広く用いられやすい状況がある。日本でも学術用語としてはカウンセリングと心理療法を区別しようという傾向があるが，現場の実態との関連は今後の課題であるといえる。

■ ……………………………………………… ■ 精神科の精神療法 ■

精神科では医師が行う医行為として"精神療法"と呼ばれるものがあるので紹介しておこう。精神療法は物理的，生物学的な働きかけをせず，言葉を用いた治療的な関わりの総称であるので，幅の広い概念である。そこで，ここでは心理職の心理療法と区別するために医師が行う"一般精神療法"と呼ばれるものを紹介する。

一般精神療法とは医師が患者の話を聞き，いろいろなアドバイスをしたり，患者からの質問に対して，適切な説明をしたりすることである。他の科で医師が症状や治療について患者が納得できるように詳しく説明する「インフォームド・コンセント[④]」と内容的には近い。しかし，精神科の場合は単に説明に納得してもらうだけではなく，治療を進める上で必要な患者の心理的な変化を促すもので，重要な治療のひとつであるとされている。

手続きとしては，まずは医師が患者の話を時間の限りよく聞いて，患者の不安や苦悩を受容・共感することで医師として患者を尊重している態度を伝えて，安心感を与えることから始める。たとえば病院に通い慣れていない患者や

経過が長引いて先行きに疑問を感じている患者はさまざまな不安を抱えている。治療の総合責任者である医師が自分の不安に理解を示し、味方になってくれていると信頼できないと患者は安心して治療を受けられないだろう。そのため、医師による受容・共感も患者には必要であるといえる。

その後は患者自身が自分のことについて考えることを支援する支持的な方法や回復に向けての見通しや情報提供を通して患者の先行きへの不安を和らげる保証と呼ばれる手続きが行われることもある。

このような一般精神療法は体系的な理論や方法論に基づくものではないので、"簡易精神療法"と呼ばれることもある。心理職が行う心理療法は、体系的な心理学の理論に基づいた方法論で、心と病理の仕組みの心理学的な見立てに基づいて行われるので、医師による一般精神療法と心理職の心理療法は異なる業務であるとも考えられる。しかし、精神療法の外国語訳は心理療法と同じく"psychotherapy"であり区別が紛らわしい。そのため、日本の精神科では、とりわけ上述のように"カウンセリング"に米国でいう心理療法も内包させて、カウンセリングの意味を広くとる傾向がある。

なお、医行為としての精神療法の中でも受容・共感と支持の部分はいわゆるクライエント中心療法と呼ばれるものと方法的に近い。医療現場では医師は多くの患者を診察する必要があるため、カウンセラーがこの部分を担う場合もある。

■……………………………………■ 心療内科のカウンセリング ■

医療現場でカウンセリングが行われやすい診療科としては、精神科に次いで心療内科が挙げられる。心療内科とは主に心身症を扱う診療科である。心身症とは主に内科で扱われる気管や消化器官、自律神経の機能不全や失調といった疾患に、器質的な異常ではなく心理的な要因が深く関わっているものをいう。つまり、内科の一分野として病気を身体だけでなく心理面、社会面も含めてとらえようとするアプローチをとる診療科であるということができる。このアプローチは心身医学と呼ばれ、身体を生物学的要因と言い換えて、生物学的要

因，心理学的要因，社会学的要因の3項目の相互関係の上に人間の状態があるとする"生物─心理─社会モデル"による人間観を採用しているとされる。

心身症とは，精神科における心因性疾患と心因で症状が生じていると考える点では近いが，現れる症状が精神症状ではなく腹痛や下痢，便秘，喘息，過呼吸，頭痛などの身体症状である点が異なっている。精神症状が出ていない分，精神科の心因性疾患よりもカウンセリングが効果的に進みやすい面もあるが，逆に患者に症状が心因反応であることが理解されないこともある。このような場合，患者はカウンセリングに消極的で，むしろ内科的な処置を希望することが少なくないので，カウンセリングの必要性を考えるためのカウンセリングが必要になる場合もある。

カウンセリングの方向性としては，内因性疾患のように生活志向のアプローチや症状とのつきあい方を探るアプローチがとられる場合も多いが，原因となる心理学的要因，社会学的要因を探って，その要因へのアプローチがとられる場合もある。

2 医療現場におけるカウンセリングの実際問題

1 医療現場におけるカウンセリングの考え方，では精神科を中心に医療という仕組みの中で心理職が担うカウンセリングの考え方を紹介した。ここでは医療現場では，実際にどのようなカウンセリングを提供しているのか，その基本的な実際問題について事例を通して紹介しよう。その後，近年の精神科で行われているうつ病，強迫性障害，パニック障害，などの各症状に応じた心理職の行う心理療法としてのカウンセリングを紹介しよう。

1 カウンセリングの実際における基本問題

総合病院に勤める臨床心理士に，次のような通院患者がリファーされてきた。

■⋯⋯⋯⋯⋯■ 事例の概要：A氏，40代，全身の疼痛が主訴 ■

生育歴：大卒，会社員。初老の両親を30歳までに亡くすが，妻と一男一女を授かり，人並みの家庭生活を営んでいた。しかし，8年前に就活でお世話になった事業家の叔父から借金の連帯保証人になるように頼まれ，断りきれずに応じてしまう。叔父の事業は大失敗し，自己破産。残された債務（A氏の年収2年分）を債権者に迫られる中で夫婦関係は冷え込み，妻は実家を頼って子どもを連れて別居。離婚の申し立てを受け調停中。生活が乱れ慢性膵炎（まんせいすいえん：激しい腹痛が伴うことが多い難治性疾患で，大量の喫煙や飲酒と関係するといわれている）と診断され休職療養中。既往歴には特記すべき身体疾患，精神疾患はない。

来談経緯：治療の過程でA氏は全身の痛みを訴え始めた。各種検査を行ったが慢性膵炎以外の身体の異常は見当たらない。医師からA氏にこのことを説明し，さらに喫煙と飲酒のリスクを説いて，生活習慣の改善を促した。しかし，A氏はみつかっていない病気があると主張して生活習慣の見直しには積極的ではない。このような経緯で医師の判断でカウンセリングを受けることになる。

カウンセリングでの様子：「（体の）あっちが痛い，こっちが痛い」と訴え，自分の痛みに対応しない（対応できない）医師の不誠実さや無能さに激しく不満を述べる。カウンセリングも「（身体の問題なので）必要と思わない」と拒否的な態度。セラピストから「心と体の両面から総合的に痛みの緩和を目指すものなので，続けていって欲しいのですが……」，とやや強く依頼されると渋々ながらカウンセリングに同意した。

ここまでの情報をみる限り，みなさんはA氏のカウンセリングをどのように感じただろうか？ 医療の成果は患者の生活に還元されることが理想なので，生活を視野にいれながらサービスを提供することが望ましい。医療におけるカウンセリングは表3-3の観点で考えること

表3-3 カウンセリングを考える観点

1. 主訴と症状と見立て
2. 自覚（変化への動機づけ）
3. パーソナリティ（性格）
4. 変化の目標設定
5. 援助方法

津川（2009），杉山ら（2007）を参考に作成

ができる。ここでは，表3-3にそってA氏へのカウンセリングの経過を追ってみよう。

■···■ 主訴と症状と見立て ■

　A氏はカウンセリングにあまり乗り気ではない。カウンセリングを勧めたことは正しかったのだろうか？　主訴，症状，見立てのそれぞれの観点から考えてみよう。

　主訴とは患者自身が軽減を求めて訴える苦悩で，問題の患者からみた側面である。症状とは患者の心身に起こっている異常事態を医学的な基準で判断したもので，問題の診断基準からみた側面である。患者が健康の回復と維持の知識を持っていて，知識をうまく使えることを「健康リテラシー」という。医療サービスにおける治療関係の理想は，健康リテラシーに基づいてサービスの内容と期待されるメリットとリスクについて患者本人によく知ってもらった上で，同じ目標を持って協働することである。カウンセリングの治療関係の理想も全く同じで，このような治療関係があると予後が良いことが多い。

　しかし，患者の健康リテラシーが必ずしも高いとは限らないので，主訴と症状には隔たりがあることがある。A氏は，自分の問題は身体の問題だと思っているが，身体的な原因は医学的にはみつからない。さらに，A氏は明らかに社会生活で困難を抱えており，その中で心理的にも相当追い詰められたことが生活の乱れ，さらには身体的な不調につながっている可能性は決して小さくない。ここでカウンセラーには見立てが必要になる。見立ては「なぜ，こうなっているのか？」，「どのように変わるのか？」についての仮説で，さまざまな心理学や心理療法学の仮説を駆使して，カウンセラーがその仮説の検証と再構成を繰り返しながら練り上げる援助の指針である。見立ての練り方はさまざまだが，ここでは「生物・心理・社会モデル（図3-3）」から考えてみよう。

　医療も含めた対人支援の現場では，少なくとも「生物（身体と物理環境）」，「心理（気持ち）」，「社会（社会生活の環境）」の3側面から主訴や症状を検討する必要がある。A氏は「全身の痛み」という「生物」としての側面にこだわ

② 医療現場におけるカウンセリングの実際問題　49

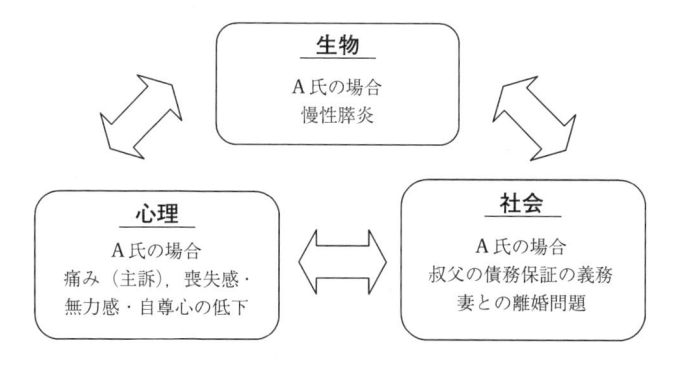

```
            ┌─────────────┐
            │    生物     │
            │  A氏の場合   │
            │  慢性膵炎    │
            └─────────────┘
              ↗         ↘
   ┌─────────────┐     ┌─────────────┐
   │    心理     │     │    社会     │
   │  A氏の場合   │ ⇔   │  A氏の場合   │
   │痛み（主訴），喪失感・│     │叔父の債務保証の義務│
   │無力感・自尊心の低下 │     │妻との離婚問題   │
   └─────────────┘     └─────────────┘
```

図3-3　生物―心理―社会モデル（杉山ら，2007）

っているが，痛みを感じているのはほかならぬA氏の心であり，心が存在する社会的状況は厳しい。つまり，A氏が自覚していない心と社会の問題が痛みに関わっている可能性があるといえる。

■……………………………………………■ **自覚と目標設定** ■

　より良い変化が起こるには自覚（熟慮）が必要なことが多い（杉山ら，2007；杉山，2010b）。しかし，医療におけるカウンセリングでは患者に自覚を持ってもらうことが難しいこともある。A氏はなぜ心と社会の問題を自覚しないのだろうか。

　A氏のように，周囲が「本当はこの問題に目を向けたほうが良いのに，本人が目を向けていない」と感じてしまう心の動きを，カウンセリング（特に精神分析学）では防衛機制における否認という。防衛機制とは，日々のさまざまな不安や葛藤で私たちが情緒的に混乱したり，自尊心（self-esteem：自分は人並みには価値があるという実感）を損ねないための心の仕組みのことを指す（杉山，2010c）。否認は，防衛機制の中でも不安や葛藤がなかったかのように精神生活を営むことをいう。

　否認している事柄は，忘れているわけではなく，もちろん覚えている。ただ，何らかの手段で意識から締め出している。何かに没頭することをその手段

にすることが多い。このような場合，本人が意識から締め出していることについて自覚を促し，語り合うことは簡単ではない。その分，カウンセラーは患者の心の動きを"深読み"しながら対応を考えなければならない。深読みとは事実かどうかわからないが，カウンセリングを進める上で役立つ可能性がある心理学や心理療法学に基づいた考慮のことをいう。そこで，事実から大きく離れない範囲で，Ａ氏の否認の可能性を深読みすると次のように考えられる。

> 否認の可能性の考慮：Ａ氏の抱える社会的問題は借金の債務と離婚問題である。どちらも取り返しのつかない深刻な問題で，今のＡ氏には有効な手立てがない。この問題に目を向けると激しい後悔，家族と財産をなくした喪失感，手立てのない無力感に襲われて，自尊心が激しく傷つき情緒的に混乱することは共感的に理解できる。つまり，自分自身の社会的，心理的な側面を否認することがＡ氏の心の安全にとっては必要なのだろう。そこで，Ａ氏は体の痛みとその痛みに対応しない医師への不満に没頭することで自分の心を守っているのかも知れない。

この深読みはひとつの可能性（仮説）にすぎない。しかし，この可能性を参考にすると身体や生活習慣について医師からの説明を受け入れられないＡ氏の気持ちが，カウンセラーにとって納得できる気がしてくる。患者に目標を受け入れてもらうためには，まずカウンセラーが患者の気持ちを受け入れなければならないが，この努力を「受容的態度」と呼ぶこともある。カウンセラーは，カウンセリングの必要性を「痛みの緩和」との関連で説明した。これはＡ氏が自覚して目を向けている主問題はＡ氏が感じている「痛み」なので，Ａ氏の気持ちを受容しながらカウンセラー側の目標を受け入れてもらうことを意図したものである。

■ ……………………………… ■ 変化への動機づけと疾病利得 ■

不快な現実や事実に直面させようとするカウンセラーの働きかけを，患者が情緒的に拒否することを治療抵抗という。治療抵抗はそれを乗り越える，うま

く避ける，などの対応が必要であるが，乗り越えるには本人の自覚と努力も必要であり，今のＡ氏に自覚と努力をお願いすることは難しい。カウンセラーは「痛み」を話の中心にして治療抵抗を避けたと考えられる。

ところで，Ａ氏が訴える医師への不満はどのような意味があるのだろうか？　再び深読みを行うと，次のように考えることができるだろう。

> 医師への不満の考慮：他者の非に注目することで，自分自身の非から目を逸らすことができると，結果的に自尊心が護られることがある。このことを防衛機制における投影（投射）という。Ａ氏が，自分の社会的問題に手立てがないことで，自分自身の無力感に傷ついているのなら，誰かの無能さを批判することで自尊心が守られるだろう。そして，Ａ氏の訴える痛みに手立てのない医師は都合よい批判の対象だろう。自分の痛みを正当化し，医師を批判することで，Ａ氏には自尊心を回復させられるという心理的な利益があるのかも知れない。

症状によるこのような利益を疾病利得という。カウンセリングでは疾病利得で得ている利益を通して対象者の動機づけを窺い知ることが多い。深読みを参考にするとＡ氏の動機づけのひとつは自尊心の回復である可能性が考えられる。なお自尊心について，人間は一般的に自尊心を高く保つように動機づけられることはさまざまな実証研究で示されており，また，一方的にケアを受ける患者としての役割を求められる状況で自尊心が損ねられる場合もある。このようにＡ氏は「痛み」の軽減だけでなく，自尊心の回復という変化にも動機づけられていると考えられる。

■ ……………………………………………… ■ パーソナリティ ■

医療現場では，個人の生活環境への適応スタイルや生活環境を受け止める力をパーソナリティという。適応スタイルにくせがあったり，受け止める力が弱い場合はパーソナリティ障害と呼ばれる。Ａ氏は今の問題を抱える前は会社員として勤務できるだけの資質があり，パーソナリティ障害ではなかったと思われる。しかし，個人の対応能力を超える危機的な状況の中で，くせが増幅さ

れてパーソナリティ障害のようになることがある。A氏は叔父の口利きで就職するなど、重要な場面では他者の援助で解決する、依存性の高い傾向があったらしい。叔父の借金、家庭崩壊という危機の中で援助を希求するも助けはなく、煙草やアルコールという嗜好品で体を壊すことで援助が必要なことを当てもなくアピールしていたのかも知れない。つまり、問題に主体的に取り組むパーソナリティではないと考えられる。このような依存性をうまく使ってカウンセリングを進めることもできる。つまり、カウンセリングで症状が緩和したり、自尊心が回復したりというメリット（快感）を実感できると、逆にカウンセリングにのめり込むようになることが見込める。

■ ……………………………………………… ■ 援助の方法 ■

　援助の方法をカウンセリングでは技法ともいう。本人が取り組みやすく、できれば興味を持って積極的に取り組んでもらえる技法を提供することがサービスとしてのカウンセリングの理想である。A氏の場合、自尊心の回復に動機づけられているので、技法との出会い方がA氏の自尊心回復に向けた期待を抱かせるものでなければならない。

　「痛み」に対応できる技法には、痛みを受け入れて注意の向け方を最適化するマインドフルネス心理療法（熊野, 2011）、問題の解決策とアクションプラン策定を行う問題解決療法（ズリラ, 1995）、ストレスを特定して有効な対処を学ぶストレス免疫訓練（マイケンバウム, 1989）、などがある。これらの方法は問題を同定できる場合に大きな効果を発揮するが、A氏の場合、援助を希求するA氏の無意識的なアピールとして「痛み」を感じている可能性も考えられる。そこで、問題を同定できない場合や有効な対処方法が確立されていない場合に用いられるマルチモードアプローチ（ラザルス, 1999）でA氏の痛みに対応する方法をとった。この方法では表3-4のように、問題の様態（モード）を多面的（マルチ）に把握して、それぞれへの対処法を組み立てる。

　A氏の自尊心回復に対応するために、カウンセラーは〈効果的ですが、マルチなだけに難しいので、滅多にお勧めしません。ですが、お仕事で○○をな

2 医療現場におけるカウンセリングの実際問題

表3-4 マルチモードアプローチ

モード	内容	A氏の例	A氏の対処法
行動	観察できる行為, 習慣	痛みで活動できない	痛みを伴わない行動を増やす
感情	情緒, 気分	医師への不快感・不満	感情表出
感覚	意識すると不快な感覚	全身の痛み	リラクセーション
イメージ	空想や夢, 記憶	自分に不誠実な叔父・妻	—対処せず—
認知	考え, 信念	自分は不運である	認知再構成
対人関係	人間関係の状況	信じられる人がいない	グループワークへの参加
身体・薬物	健康状態や常用薬物	慢性膵炎とその投薬	—対処せず—

さっていたAさんなら……〉とA氏の職業上の実績を評価しながら技法を紹介した。過去の成功は紛れも無い事実であり，自尊心の回復に役立つことがある。A氏も「それなら」とこの方法に意欲をみせて，感覚モードへの対処としてのリラクセーション（自律訓練法）から取り組むと痛みはすぐに軽減し，この方法に熱心に取り組んでくれるようになった。痛みを伴わない行動を増やす過程で喫煙や飲酒といった生活習慣も改善された。

■……………………………………………■ A氏の経過とまとめ ■

カウンセリングの中では扱わなかったが，周辺からの情報では勤務先から「復職か，退職か」と迫られた時には，「病気理由による退職→自己破産→生活保護」も考えたらしい。しかし，カウンセリングで対人関係の改善まで話し合えるようになっていたA氏は，復職の方向で考え始め，司法書士任せでA氏自身は逃げていた金銭問題にも関心を持ち始めたらしく，生活そのものの立て直しに向けて公的な相談窓口も使うようになったようである。復職が具体化するとともにカウンセリングは終結したが，カウンセリングで痛みを自分で軽減する方法を身につけたことが自信になって，その後の前向きな取り組みにつながったのではないかと思われる。

このようにA氏は社会的に困難な状況を背景に持ちながら「痛み」を主訴として訪れたが，「痛み」を中心にしたカウンセリングの中で自尊心や効力感

を回復する中で，結果的に社会的状況の改善へと向かっていった。医療におけるカウンセリングでは，結果としてカウンセリングが対象者の生活の立て直しに結びつくことが必要なので，表3-3のそれぞれを吟味して，効果的なカウンセリングを考えることが重要である。

2 精神症状とカウンセリング

ここからは，うつ病，強迫性障害，パニック障害といった各精神症状へのカウンセリングを考えてみよう。これらの症状へのカウンセリングは効果が高い技法が開発されており，正しく実施すれば症状が円滑に軽減することが期待できる。

■……………………………………■ うつ病のカウンセリング ■

うつ病とは悲しみと喜びの喪失が長く続くことで，さまざまな精神的，身体的症状が表れる状態である。うつ病に悩む人には自己は無価値・無意味と思い（自己），自分は他者や社会から見放されていると感じ（他者），将来の希望からも見放されていると考える（将来）といううつ病の3大認知（cognitive triad of depression）が頭から離れないことが知られている。そこで，次の認知再構成法の手続きで，3大認知（＝自動思考）を修正するカウンセリングが行われている。

①否定的な自動思考を発見する
②自動思考と不快な感情が結びついていることを確認する
③自動思考のメリット・デメリットを考える
④自動思考の合理性・非合理性を吟味する
⑤自動思考をより現実的で合理的な思考に置き換えて不快な感情を軽減する
⑥新しい考え方や，より適切な行動が身につくように生活を整える

たとえば，30代の女性に「夫が私よりも仕事に没頭するのは，私が愛される価値のない存在だからだ。私はもう誰からも大切にされない！」という自動思考があったとしよう。このような自動思考を持っていて彼女は幸せだろうか？

また，こういう自動思考を持っていて，何かいいことはあるだろうか？　もしかすると，結婚前や新婚当初は夫がこの気持ちに応じてくれて懸命に愛情を表現してくれたかも知れない。わがままが逆に可愛いと思われたかも知れない。しかし，今はこの自動思考が機能していないようで，このように考えることでもっと悲しい気持ちになり，喜びが失われることが続いている。つまり，この考え方にはメリットがない。そこで，本当に夫から（誰からも）愛されていないのか，誰にも大切にされないのか，事実に基づいて検討して，新しい考え方を探ることで，気持ちを改善する方法が認知再構成法である。

　また，うつ病的な認知にとらわれていると，周囲の他者への態度が他者に好まれないものになり，結果的に他者を精神的に追い詰めたり，人間関係を悪化させたりすることがある。たとえば，上の例では夫は通常の夫婦関係で得られるような愛情や感謝の気持ちを妻から得ることができない。他者から喜ばれることが人の生きる力になることは多くの心理学研究で示されているが，夫も精神的に追い詰められてうつ病の妻に優しくする余裕をなくすだろう。このような対人関係の悪化を改善する技法が対人関係療法である。お互いの期待や気持ちが通じ合わないミスコミュニケーションを同定して，新しいコミュニケーションの方法を探ることで，人間関係と日々の気持ちを改善する。

■············■ **強迫性障害，パニック障害のカウンセリング** ■

　強迫性障害[13]やパニック障害は診断基準では不安障害という，より大きいカテゴリーに分類されている。不安障害にはさまざまなものがあるが，たとえば「人から悪く思われているような気がする」という物事の考え方やとらえ方に由来する不安は先に紹介した認知再構成法で対応できる。しかし，強迫性障害やパニック障害は考え方の修正では抑えがたい感情（心理学では情動という）の仕組みと深く関わっているので，また別の技法が必要である。

　まず強迫性障害は，強迫観念と呼ばれる一種の侵入思考によって不安が喚起されると，不安を軽減する行動に動機づけられて，実質的な意味のない儀式的な強迫行為を繰り返す状態である。強迫観念は程度の差はあるがほぼ全人類が

日常的に経験する現象で，たとえば「何か忘れ物をしていないか？」，「大事なものを落としていないか？」，「（手や衣類の）汚れはちゃんと落ちているか？」などがある。本人の意志とは関係なく侵入的に発生する思考であるが，私たちは通常は何らかの方法で「まあ，大丈夫だろう」とリスクを小さく見積もることで強迫行為を回避している。しかし，大丈夫でなかった時の損害の大きさに注目すると強迫観念を無視できないので，何らかの安全確認（安全希求）の行動が必要になる。この行動が強迫行為である。カウンセリングでは大丈夫でなかった時のリスクや損害の大きさは実際どの程度か，強迫行為には意義があるのか，心理教育を行いながら話しあう。強迫行為が不要だと納得できた段階で，エクスポージャーという方法を取り入れる。これは不安やリスクを感じる刺激にあえて曝す方法で，曝露療法と呼ばれることもある。たとえば「汚れはちゃんと……」であれば，衣類を丸1日取り替えないチャレンジをしてもらい，取り替えなくても不安に思っている事態（病気やカビの発生）はなかったこと，最初は気持ち悪くて狂おしい状態になったが我慢して時間が経つと落ち着いてくることを確認してもらう。

　パニック障害は，突然の胸の痛みや不快感，息苦しさ，めまい，吐き気，発汗などの症状で強い恐怖感を覚えるパニック発作を経験し，再びそうなることを恐れるあまり，外出や社会的な活動に支障が出る状態である。パニック発作は多くの人が経験する生理学的な警報装置の誤作動（危険に対応する準備を身体が勝手に始めてしまう）である。パニック発作を経験すると，経験した場面や状況と発作が結びつき，繰り返し発作を起こしやすくなることもある。身体の問題と誤診されることや，社会的な活動を怖がることで対人恐怖が伴ったり，社会的な活動ができないことで自尊心を損ねて抑うつ状態に陥ることも少なくない。カウンセリングではパニック発作についての正しい知識を持ってもらい，必要があれば薬物療法を行って（実際に薬が効果的な場合もあれば，薬があることで安心してパニック発作が軽減する場合もある），安全を確認した上で少しずつ不安を感じる場面や状況に慣れてもらう段階的エクスポージャーが取り入れられることが多い。場面や状況はイメージを使う場合，似たような場面を使

う場合，実際の場面を使う場合などさまざまである．

3　精神症状とカウンセリングのまとめと課題

　精神症状の持続や深刻化の仕組みが解明されている場合は，その精神症状に応じた技法が開発されている．精神症状は決して特別な人の特別な症状ではなく，誰もが持っている心のメカニズムの中で生じるものなので，同じく心のメカニズムをうまく使うことで十分な治療効果を上げることができる．しかし，精神症状に対する偏見は未だに根深く，精神症状を「人」や「育ち」に結びつける考え方が一般的にはとても多い．そのため日常生活を営めないほどに重症化して受診することが多いが，軽症のうちに受診した方が，さらには健康リテラシーに基づいて予防する方が，苦悩が小さくて済む．心の健康リテラシーが身体の健康リテラシーと同様に広く知られることが今後の課題である．

■引用・参考文献

笠原嘉　2007　精神科における予診・初診・初期治療　星和書店
熊野宏昭　2011　マインドフルネスそしてACTへ　星和書店
中根晃・牛島定信・村瀬嘉代子編　2008　子どもと思春期の精神医学　金剛出版
長尾卓夫監・岸本年史編　2010　精神科研修ハンドブック　海馬書房
杉山崇　2010a　こころへの支援　福田由紀編　心理学要論　培風館
杉山崇　2010b　グズほどなぜか忙しい　永岡文庫
杉山崇　2010c　動機づけ　福田由紀編　心理学要論　培風館
杉山崇・前田泰宏・坂本真士編　2007　これからの心理臨床　ナカニシヤ出版
マイケンバウム，D著　根建金男訳　1989　ストレス免疫訓練　岩崎学術出版
ラザルス，A. A. 著　高石昇・大塚美和子・東斉彰・川島恵美訳　1999　マルチモードアプローチ　二瓶社
ズリラ，J. T. 著　中野洋二郎・杉山圭子・椎谷淳二訳　1995　問題解決療法　金剛出版

コラム1

睡眠問題に対する理解と援助の実際

　睡眠問題は，カウンセリング現場において高頻度で確認される苦悩のひとつである。睡眠問題に対する援助を考える際には，(1)症状のそのままの理解（記述的理解），(2)症状の背景要因の理解（構造的理解），(3)準備・促進・維持因子の理解（機能的理解）という3段階からの統合的理解が重要である。

　睡眠問題がある場合には，まず，その症状を正確に記述することが重要である。正確な記述の後に，当該の問題は，不眠（睡眠効率の悪化と熟眠感の欠如），過眠（日中の過剰な眠気の増大），睡眠覚醒リズムの問題（睡眠相の前進・後退・不規則さなど），睡眠時随伴症の問題（睡眠中の遊行や寝ぼけなど）のいずれかを判断する。特に睡眠問題の中には，本人が自覚していない問題もあるため，必要に応じてベッドパートナーや家族などから情報を聴取する。

　症状を正確に記述した後，その背景要因を推定していく。この際に"5つのP"と呼ばれる観点から情報を収集することが非常に有用である。5つのPとは背景要因として考えられる"Physical（身体的：怪我など）"，"Physiological（生理的：内分泌異常など）"，"Psychological（心理的：対人関係ストレスなど）"，"Psychiatric（精神医学的：気分障害など）"，"Pharmacologic（薬理学的：アルコール摂取など）"，の頭文字である。また，これに加えて，普段の就寝環境の情報を聴取し，多面的に背景要因を確認する。

　記述的理解，構造的理解を踏まえた後，"3つのP"と呼ばれる観点からの睡眠問題の発生・維持・悪化を整理していくことが重要である。3つのPとは，"Predisposing（準備因子：基礎疾患など）"，"Precipitating（促進因子：準備因子との交互作用により睡眠問題を引き起こす契機になった事象など）"，"Perpetuating（維持因子：慢性化や悪化に寄与している習慣など）"の頭文字である。「いつから睡眠問題が始まったのか？」，「思い当たるきっかけは？」，「どのような状況で，症状がどのように変化するのか？」などを聴取し，理解を精緻化させていく。

　これらの理解を通じて，睡眠問題の全体像に関する仮説を生成した後，睡眠に影響を与える基礎疾患が存在する可能性が高いと判断される場合には専門医につなぐことが重要である。また，就寝環境や生活習慣といった睡眠衛生上の問題である可能性が高い場合には，現実的にどのように睡眠衛生を向上していけるかを相談していく。睡眠覚醒リズムの問題や睡眠不足による過眠は，睡眠衛生上の問題であることが多いが，これ以外の過眠や睡眠時随伴症の疑いの場合，終夜ポリグラフ検査などによる詳細な検討が必要であるため，睡眠障害専門機関につなぐことが重要である。不眠に関しては，精神疾患や身体疾患に随伴している場合もあるが，原発性不眠や精神生理性不眠が特に多いとさ

れている。このような問題には，"不眠に対する認知行動療法（Cognitive Behavioral Therapy for Insomnia：CBT-I）"が有効であるとされ，近年注目されている。

CBT-I では，不眠を就寝環境と覚醒が学習により結びついている状態としてとらえ，"就寝環境＝覚醒する場所"という連合を解除し，"就寝環境＝眠る場所"と再学習できるよう援助する。仕事が忙しい日が続いたり，風邪をこじらせたりといった偶発的な理由で身体的な覚醒（生理）が高まった状態で就床する機会が続いてしまうと，学習が生じ，"就寝環境＝覚醒する場所"という連合が形成される。そうして眠れない日が続いてくると，布団に入るだけで不快感情が生起するようになったり（感情），「今日も眠れないのではないか」と心配になったり（認知），眠るためのさまざまな努力をしたり（行動）してかえって覚醒水準を高め，連合を強めるという悪循環が生じる。CBT-I では，不眠の維持・増悪を環境と認知―行動―感情―生理の 4 機能との相互作用としてとらえ，学習によるそれらの結びつきを断つための援助を行う。具体的な援助方法として，普段から就寝環境を睡眠以外では利用しないよう教示する"刺激統制法"や，就寝時刻を遅らせて眠気のピーク時に就寝するよう教示する"睡眠制限法"，寝床での各種"リラクセーション法"の練習，眠れないことへの心配の機能（心配の妥当性や有用性）を検討する"認知的再体制化法"などが提案されている。

このような CBT-I に基づく不眠の理解と援助は，いくつかの睡眠障害専門の医療機関で行われている。そこでは，CBT-I の適応かどうかを検討した後，専門家（医師や臨床心理士）により 3〜6 ヵ月の間，5〜10 セッション程度の面接が実施される。初期のセッションでは，学習理論や認知理論からケースフォーミュレーションが行われ，中盤のセッションでは，就寝場面と覚醒との連合を弱める行動療法的介入や介在する認知の変容を狙った認知療法的介入が行われる。終盤には，日中の活動性の向上を相談したり，再発予防の面接（一過性の不眠が起こった時の対応や気持ちの持ち方）を実施したりする。このような，援助は睡眠薬治療と同等またはそれ以上の効果があることや睡眠薬の減薬・退薬にも効果があること，長期効果に優れていることが報告されている。

CBT-I に基づく不眠の理解と援助は有効性が高く評価されている一方で，アクセシビリティの低さ（専門家の少なさ，各種コストの高さ）が指摘されている。このことから，最近では，セルフヘルプ（対象者自身が自宅において自分で取り組む標準化された心理学的援助）が提案され面接と同等の効果が示されている。多くのセルフヘルプは面接による援助と同様に 3 部から構成され，平均して 6 週間程度で終了する内容になっている。また，援助の媒体は本や小冊子のようなワークブック形式のものから，最近ではインターネットを活用したものも増えており，アクセシビリティが向上してきている。このような援助は海外では盛んに行われているが，日本ではほとんど行われていない。日本では 5 人に 1 人が睡眠に関する問題（多くが不眠）を抱えているとされており，このような援助の普及が望まれる。

第4章　学　校

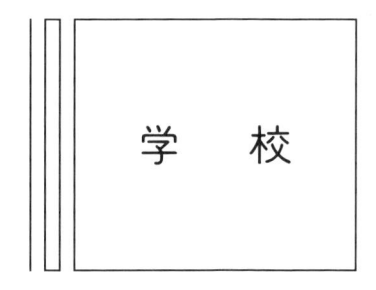

1　学校現場におけるカウンセリングの考え方

1　はじめに

　現在の学校現場では，発達的問題（自閉症，注意欠陥多動性障害など）・情緒的問題（親子の愛着形成など）・家族システム的問題（家族の離散や，親の会社の倒産など，家族の構造的変化）・病理的問題（統合失調症など）といったさまざまな問題を抱える子どもたちに日々出会う。学校現場のカウンセリングの主な役割は，こうした発達的・心理的問題のリスクをできるだけ軽減し，子どもたちが学習や対人関係での問題解決能力を身につけるための経験を，安心して体験できるよう援助することである。

2　学校現場のカウンセリングの基本的機能と相談システム

　主に学校現場におけるカウンセリングは，発達や成長への援助に重点を置く開発的機能と，問題解決に重点を置く治療的機能の2つがある（早坂，2003）。学校現場における開発的機能は，子どもの対人関係能力を伸ばすための援助（たとえば，ピアカウンセリングやストレスマネジメントプログラムなど）などに代表される，いわゆる予防的側面がメインになる。一方治療的機能は，不登校や問題行動など，すでに起こった問題に関しての対処的側面がメインになる。そしてこれらの機能を子どもや保護者，そして教員のニーズに合わせて主に提供するのが，教育相談所とスクールカウンセリングといった2つの相談システム

である。それぞれの自治体や学校現場によって違いはあるが，一般的にいって，学校の外部機関である教育相談所では，起こった問題への治療的機能に基づく対処的援助が主であるのに対して，学校の内部機能として行われるスクールカウンセリングでは，問題が起こる前の開発的機能も視野に入れた予防的援助も援助対象となることが多い。

■··■ **教育相談所** ■

　教育相談所は，地方自治体に設置されている公立の相談機関で，その多くは各市区町村の教育委員会の管轄の下，教育研究所や教育センター内に設けられている。相談を受けられるのは，多くの自治体においては，その市区町村に住む幼児から高校生までの子どもとその保護者，そしてその管轄地区内に勤務する教員である。相談形態は予約申し込み制で，原則週1回50分の面接が行われる。このように時間と場所の枠を設けるのは，限られた時間があることで，相談者が大事なことを話そうとする動機づけが高まり（吉武，2003），対象や自己への一貫した感覚や安定した関係性をつくる（保坂，2001）といった有効性が期待されるためである。また相談形式であるが，主に母子並行面接（親の面接と子どもの面接とを同時並行で行う面接）で行われる。その際，親担当のカウンセラーと，子ども担当のカウンセラーを別にして実施することが望ましい。なぜなら，親子の面接担当者が同じ人物であると，「いったことややったことが，親に筒抜けになってしまうのではないか」という，子どもの懸念を高めてしまう恐れがあるからである。

■··■ **スクールカウンセリング** ■

　1995年度から当時の文部省は「スクールカウンセラー活用調査研究委託事業」を開始し，2001年度から国による配置事業に移行し，主に臨床心理士資格を持つスクールカウンセラー（以下，SC）が公立中学校全校に配置されたことにより，スクールカウンセリング活動が定着した。相談を受けられるのは，原則当該中学校とその同じ地区に併設されている小学校に通う児童生徒とその保

護者,および教員である。相談形態としては,保護者面接に関しては予約申し込み制がとられる場合が多いが,児童生徒,および教員対象の相談やコンサルテーション[21]は,必ずしもその限りではない。なぜならスクールカウンセリングでは,相談室でSCがじっと待っていても,子どもが来るとは限らないからである。むしろ思春期に差しかかったちょっと敏感な子どもであれば,たとえ悩みを抱えていても「SCに相談する＝私の心に問題があると思われる」といった抵抗感から,意識的に避けることも少なくない。つまり,SCと子どもがつながり得る場が,必ずしも「相談室」ではないのである。相談室に入って来られない子どもや,予約を入れてカウンセリングをすることに抵抗のある子どもとは,廊下で立ち話をしたり,休み時間中の校庭の片隅で話を聴いたりすることも珍しくない。また校内をぶらぶら歩いていて,その時いじめの現場に遭遇すれば,その場で対応が始まる。スクールカウンセリングでは相談室から出てはならないと考えると不自由になる（永田,2003）との指摘もあるように,時間と場所の枠が必ずしも固定化されておらず,また固定化してしまうと成立しない一面があるともいえる。

■ ……………■ 2つの相談システムの機能の違いと使い分け方 ■

この2つの相談システムの明確な違いは,スクールカウンセリングが学校内でのシステムであるのに対して,教育相談所は学校外のシステムであることである。学校の内にあるのか外にあるのかは,その相談機能の質に大きく影響を及ぼしている。

■ ……………………………………………■ 守秘義務の相違 ■

教育相談所では,来室した子ども・保護者・関係教員の相談内容は「守秘義務」によって守られるのが原則であり,もし学校や担任教師など第三者にその内容を伝える必要があると判断された時には,必ず本人へのインフォームド・コンセント[4]をとってから伝えることが決められている。相談者は自分の秘密が守られるという保証があるからこそ,治療の場で自由に自分の感情を表現し,

私的な事柄までも話すことができる（吉武，2003）。教育相談所での相談は，こうした守秘義務をあらかじめ公約した上で運営されることが前提であり，こうした守りの中でカウンセラーとの信頼関係を構築し，相談者が少しずつその心を開放できるようになっていく機能を持っているといえる。

一方，スクールカウンセリングの現場では，「集団の守秘義務」という考え方が一般的である。つまり，子どもや保護者の情報をSCだけが保有するのではなく，担任教員・養護教員，場合によっては管理職，指導主事など，当該の問題の質の程度に応じて，限定されたメンバーのうちでその情報を共有し，その枠内で秘密を厳守するという考え方である。これはチーム援助が主体の学校現場特有の考え方であり，週1回来校するSCの活動を，実際の指導援助に有効につなげるために存在するシステムともいえる。子どもと保護者との間で1対1の関係性を築きながら，一方で学校組織の一員でもあるSCは，一般的な心理臨床の根幹である「守秘義務」と，学校現場特有の「集団の守秘義務」との間で，その判断に揺れる場合が多い。その線引きであるが，学校側に知らせた方が子ども対応への利益につながる情報は「集団守秘義務」の範疇であり，それ以外の個人的情報は守秘義務の範疇と考えることが目安となる。筆者の場合であるが，もし教師に伝えるべき内容があると判断した場合は，相談者本人にその必要性を説明した上で，その承認を得てから伝えることを原則としている。

■ ……………………………………………………… ■ **相談機能の違い** ■

教育相談所は学校の外にある相談機関であることから，相談者個人の問題解決の援助をする機能を主とする。また学校の外にあるといった利点を活かして，相談者は所属する学校や教師に内密に来談することも可能である。ただし教育委員会の管轄下で運営されているので，学校から紹介されて保護者や子どもが来所するケースに関しては，学校と連携しながら進めるケースもあるが，その際にも相談者とカウンセラーの1対1の関係性が主で進められ，学校側にはケースの進行上必要な時に，相談者の承諾の上，情報交換が行われる。

一方，スクールカウンセリングは学校現場で行う活動であり，学校内の一機能として位置づけられている。こうした性質上，相談者とSCが1対1でやりとりをする機能に加えて，相談者（保護者・児童生徒）を学校側（担任，クラス，他の児童生徒）につなげる機能もあわせ持つ。相談者も学校内での相談機能のためか，自分の意思や要望を，SCを媒介にして，学校側や教師に伝えてほしいというケースも少なくない。つまりスクールカウンセリングは，カウンセリングという個別的な機能を持ちながら，その一方で学校内の機関としての，情報収集・情報伝達の機能も持っている。平野（2003）はこうしたSCの役割を，「橋渡しやメッセンジャーとして，児童生徒，教師，保護者の出会いをアレンジする」と表現している。また近年スクール・ソーシャルワーカー（学校におけるソーシャルワーカー[47]）が現場に配置され始めているが，そうした人的資源が十分機能していない現場では，SCが児童・生徒を外部の関係諸機関へとつなぐ作業を行うことが多い。

以上のことから，教育相談所のカウンセラーは相談者への個人的な治療的援助が主な機能であり，一方SCは，人と人をつなぐことで，子どもを取り巻く環境システム（教師や親など）に介入するといった意味合いが強いともいえる。

学校現場におけるカウンセリングは，この2つの相談機能を使い分けることが望ましい。たとえば，相談していること自体を知られたくない場合や，守られた空間で安心して話をしたいケース，または長期的な治療的関わりが必要と判断されるケースは，学校外にある教育相談所を利用することが有効であろう。一方，登校しぶりなど問題が萌芽しかけたばかりのケースや，いじめや人間関係におけるミスコミュニケーション（教師と児童生徒，児童生徒間）などの，主に学校内に発生要因があると考えられるケースは，スクールカウンセリングの「つなぐ介入」の利用が有効と考えられる。

■··■ 機能の違いを活かした連携の必要性 ■

こうした2つの相談機関の使い分けには，教育相談所とスクールカウンセリングの連携が重要な役割を果たす。つまりそれぞれの機関の相談員がそれぞれ

の職域・機能を踏まえた上で連携することが，相談者に最適な相談環境を提供することにつながるからである。ただし連携といっても，それは情報を流し合うということではない。

たとえば教育相談所側からすると，自分たちの管轄する地域の小中学校に，どういったSCが配置されているかということを知る必要があるのはもちろんだが，できれば連絡会などを通じて，お互いの顔を知っておくことが望ましい。たとえば，教育相談所で対応していた不登校の子どもが学校へ戻ることを希望し出したとしよう。こうした時に，「じゃあ，○○ちゃんの学校のSCの○○先生に，これからどうしたらいいか，一緒にお話してみようか」といったように，相談所から学校へ，人から人へと子どもをつなぐことが可能になるからである。

一方スクールカウンセリングの側からすると，配置されている小中学校を管轄する教育相談所の設備（待合室・面接室・プレイルームなどの併設状況など）・機能（受けられる心理療法，受けられる知能テスト，母子並行面接かどうかなど）・相談員構成（心理専門の相談員・心理専門以外の相談員の人数など）をあらかじめ調べておくことが，学校外の資源を有効に活かすポイントとなる。これに加えて前述したように，あらかじめ教育相談所の相談員と顔つなぎをしておくことは，スクールカウンセリングから相談所への紹介をスムーズにする。たとえば，スクールカウンセリングで対応していた小学生事例が長期にわたる関わりが必要と判断された場合，「教育相談所の○○先生を知っているので，中学校へ行っても○○ちゃんの相談をしてもらえるように，今度お話してみるね」といった"つなぎ"が可能になるのである。

■············■ 2つの相談システム内における連携と役割 ■

ここまで，学校現場におけるカウンセリング機能と，2つの相談システムの違いに基づく使い分けについて言及してきた。以降では，この2つの相談システムの実際について，各システム内の連携と役割の観点から，経験に基づきながら紹介する。

■……………………■ 教育相談所における相談員間の連携 ■

　教育相談所は自治体によって，相談員の人数・構成メンバーは多様である。構成メンバーは主に臨床心理学を修めた心理専門の相談員と，退職校長・教頭など教員出身の相談員から構成される相談所が多いが，その役割分担は相談所によって多少の違いがある。

　筆者がかつて勤めていた教育相談所は，心理相談員3名と，教員出身の相談員1名で構成されていたが，基本的に心理臨床領域のケースは心理相談員が行い，学校組織に関する専門的判断が必要なケースの場合は，教員出身の相談員が行うといった，役割分担があった。

　3名の心理相談員のうち1名の相談員が先輩カウンセラーで，筆者を含めて残り2名が新人相談員であったが，まず先輩相談員から「～先生と呼ぶのはやめて，～さんと呼んでね」といわれた。先輩相談員によると「教育相談に来るケースはどれもはじめてのケースなのだから，経験年数によってできる・できないは関係ない」とのことだった。教育相談の世界ではいわゆる肩書き的なものはなく，相談員間が世代や経験年数差に関係なく「子どもの援助を専門としている職業人」といった共通意識で結ばれているのが特徴である。それは無用な上下関係をなくす意味だけではなく，「常に自分のケースの見立てを疑う」「常に自分のケースの関わりを万全視しない」といった，人の人生に関わる心理臨床特有の，"関わりの姿勢"の現れでもあるように考えられる。

　また先輩相談員がすすんで，自らのケースの失敗談や相談を新人相談員にしてくれたことで，私たち新人は先輩への敬意を持ちつつも，気兼ねなしに，自分のケースに関する懸念や失敗を，相談所内ですることができた。そしてこうした日々の相談員間のコミュニケーションの積み重ねで，自分の苦手なケースや対処の課題を発見した記憶がある。心理臨床においては，当該ケースがもし，これまで受けた訓練や教育の範囲を超えていたり，力量以上の援助を必要とされると判断した場合には，適切な他機関への紹介（リファー）をしなければならない。カウンセラーとしての自分に何ができ，できないのかを明確化す

るには，スーパーバイズ[37]（専門家によるケースの個別集中指導）やケース会議などのシステムももちろん重要であるが，日頃の相談員間の情報交換も，その理解に役立つ。

■……………………■ 教育相談所における相談員の役割 ■

またその先輩カウンセラーからは「私は子どもに向かって，自分のことは○○先生といわないようにしているの。ここは学校ではないから」といった示唆も受けた。つまり，教育相談所は学校外の機関であり，教員―児童生徒・保護者といった関係性を前提とせず，そうした関係性の枠外で対応する必要性があるということである。たとえば，教育相談所に来所するケースには不登校ケースが多い。その中には，教員―児童生徒・保護者の関係性で傷つき，「○○先生」といった言葉や「教える者―教えられる者」といった関係性そのものに神経を尖らせている相談者も少なくない。このように相談者の置かれた状況を考慮すると，それに関わる相談員は，その言葉遣いのひとつひとつにも，細やかな配慮が必要になる（ただし相談所によっては，相談員が自分のことを役職名として「○○先生」と呼ぶことが通例になっている機関もある）。

子どもとの関わりでも，同様に配慮が必要となる。勤めていた教育相談所には2つのプレイルームがあり，ひとつは小学校低学年用の部屋（主にドールハウスや人形，子ども用のトランポリンなどがあった），もうひとつは小学校中学年以上の部屋（クッション製のサンドバックや，ボールプールなどがあった）であった。私たち相談員はひとつのケースが終わると，たとえある子どもがボールプールのボールをすべて外に投げ出していても，ボードゲームのコマが散乱していても，次の子どもが来るまでの10分間の間に，そのすべてを元通りに復元する。これは毎回安定した環境で安心して子どもに過ごしてもらうためであり，子どもが自由に自分を表現するために，どの遊具もいつも万全の状態に整えておくためである。

また子どもの作成した作品は，「これは来週まで，ここに置いておくね」と子どもの前で丁寧にしまう。これは作品を丁寧に扱うことを通じて，「あなた

という存在を大事にしているよ」というメッセージを伝えるためである。相談所に通ってくる子どもたちの多くは，周囲の大人（主に保護者）の都合で心を傷つけられたり，振り回されたりしてきたケースが多く，1人の人間として尊重されたり，大切にされた経験が少ない。こうしたことから，相談所では，子どもの作品を丁寧に扱うことを通じて，自分の心の世界が尊重されたという経験をできるだけ味わってもらえるよう配慮するのである。

　以上のように，教育相談所における子どもとの関わりは，1対1の世界が主だからこそ，その言葉・動作のひとつひとつが，メッセージの役割を果たしている。こうしたことから相談員は，子どもに関わる自分の一挙手一投足に，細やかに気を配る必要があるのである。

■…■　スクールカウンセリングにおけるカウンセラーと教員の連携　■

　スクールカウンセリングの仕事で，子どもや保護者へのカウンセリングのほかに大事な仕事として，教員へのコンサルテーションがある。しかし現場に入れば一目瞭然だが，小学校・中学校でも教員は空き時間があまりなく，職員室で机につく時間もほとんどないのが現状である。つまり，子どものことで報告・連絡・相談（いわゆる"ほうれんそう"）しようにも，週1回勤務が原則のSCと，日々予測不可能な学校現場のスケジュールをこなす教員とでは，その時間を作ることすら難しいのが現状である。

　確かに教員は忙しいが，ちょっとした業務の合間に職員室に立ち寄り，お茶を飲んだり雑談したりする時間はある。こうした「ちょっとした時間」を，情報交換の場にしてしまうのである。SCは原則週1回勤務で，1人だけ専門性が違う立場ではあるが，何か起こっていない時こそできるだけ職員室にいて，雑談や会話をすることが，何か起こった時の情報交換につながる。

　たとえば，ある日の職員室内の会話で，担任教員Aが「ちょっと最近，B子の様子が心配なんだよね」と言ったとしよう。それをたまたまそばで聞いていたSCが，「そういえばB子が先週，ふらっと"部活しんどい"って話しかけてきました」と返したとしよう。そこで担任教員Aが「じゃあ，部活のこ

とで悩んでいるのかなぁ……ちょっとさりげなく，声かけてみるわ」ということになった。翌週のSCの勤務日に，忙しそうな様子で担任教員Aが，廊下ですれ違いざまに「例の件，了解！　上級生とのトラブルだった」と伝えてきた。正式な時間と空間を設けなくても，日頃の関係性があれば，最小の伝達事項でも，"ほうれんそう"はある程度可能なのである。

■………■　スクールカウンセリングにおけるカウンセラーの役割　■

新人SCだった筆者はある日，相談がない時間を職員室で過ごしていた。その折，前の机で校務をしていた先の教頭先生がふと顔を上げて，「カウンセラーって，風呂の蓋みたいな存在だと思うんだよね」とつぶやかれた。筆者が「へ？」という顔をしていたのをみて意味がわかっていないことを察してか，改めて「つまりね，いつもはあることに気づかない存在なんだけれど，なくなるととても困るっていう感じかな……」といい直してくれた。カウンセラーは風呂の蓋……謎かけのような言葉に，駆け出しであった筆者は「はぁ……」と答えるしかなかった。

学校の教員とSCの役割の違いは，石隈（1999）による学校教育における援助サービスの観点から言及すると，一次的援助サービス（児童・生徒全員への学習・対人・問題対処スキルの援助）・二次的サービス（登校しぶりや学習・対人場面での援助ニーズが高い一部の子どもの援助）・三次的サービス（不登校・いじめ・発達障害などの問題を持つ子どもへの援助）の全てで毎日主役を張る教員と，二次的サービス・三次的サービスで週1回客演するのがカウンセラーといった，関わりの度合いにある。つまり，学校という舞台の主役はあくまで，子ども・保護者そして教員なのであり，SCはあくまでも，学校の中で生活する人々の織りなす出会いのストーリーを引き立てる脇役として位置づけられる（平野，2003）。

不登校や発達障害，非行にいじめ……学校現場では，日々さまざまな問題が起こる。確かにSCはこうした"臨床心理学的な問題"の専門家ではあるが，週1回の勤務時間では，できることに限りがある。一方教員や保護者は，"臨

床心理学的な問題"の専門家ではないが，ほぼ毎日子どもたちと向き合うことが常であり，その情報量はSCのそれとは比べ物にならない。その上，実際に子どもを指導・養育できる立場にある。こうしたことからも，SCにできることは，まず教員や保護者からの情報収集であり，続いてその情報に基づいた臨床心理学的な見立てと援助方法の提案であることが多い。つまり，実際子どもに援助を行うのは，多くの場合，教員や保護者なのである。いいかえると，「カウンセラーだから，臨床心理学的な問題をすべて引き受けなければならない」のではなく，臨床心理学的な問題に悩む子どもを支えるために，子どもと大人（教員・保護者），あるいは大人と大人とをいかに"つなぐか"ということが第一義になる。それはもしかしたら，脇役というよりも，歌舞伎などの黒子に近いイメージかもしれない。つまり，目立たないように，さりげなく，舞台をうまくまわすために働く——これが，学校現場でのカウンセラーの機能であり，役割ともいえる。

　大学院生の頃，ある先輩SCの仕事を1日，見学したことがあった。その先輩カウンセラーは，はじめ職員室の机で相談室だよりを作成していたが，ふと立ち上がると，窓際で考え事をしている1人の教員にゆっくりと近づいてゆき，雑談をし始めた。そして，すぐ傍の机で業務をこなしていた別の教員にも声をかけ，その場に小さな雑談の輪ができた。あまりにさりげない動きだったため，はじめこの行動に何の意味があるかわからなかったが，後で確認すると，その教員は最近，学年の教員集団から孤立しがちであることがわかった。つまりその先輩SCは，孤立した教員と学年の教員とをつなぐ作業をし始めていたのである。その時の先輩の所作を思い出すと，それはまさに黒子であり，先の教頭先生のいうところの「風呂の蓋」の働きであった。

3　おわりに

　学校現場におけるカウンセリングは，児童生徒だけが対象となるのではなく，子どもを取り囲む大人（親や教師も含む）や文化（その学校に特徴的な文化）をも含んだ，包括的援助といえる。なぜなら，大人が余裕をなくせば子どもに

もその影響が出ることでもわかるように、子どもは家庭・学校など複数の環境システムから影響を受けて絶えず変化している存在であり、学校現場におけるカウンセリングは、子どもへの援助であると同時に、それに関わる大人への援助でもあるからである。ただし、そうであるからこそ、ともすれば学校現場においてカウンセラーは、子どもを取り囲むさまざまな大人の思惑や立場に振り回され「何が正解」なのかわからなくなる。筆者もたびたび、こうした判断の岐路に立たされるが、そのときにはかつてスーパーバイズを受けたカウンセラーの一言を思い出すことにしている。「その子にとって何が大切なのか？という視点に立ち還れば、カウンセラーとしての軸を取り戻せる」。大切なのは「こうなってほしい」といった大人の都合ではなく、「こうなりたい」と子ども自身が願う、"その子らしさ"を取り戻す援助なのである。

2 スクールカウンセリングの実際

1 はじめに

スクールカウンセリングでは、カウンセリングの理論や技法を用いた面接のみならず、子どもたちが悩みや不安を抱えた時にスムーズに援助できるように校内の相談体制を作り上げたり、学校が持つ資源を最大限に活用しながら関係諸機関と連携に努めることも重要となる。したがって、スクールカウンセリングには、その他のカウンセリング活動とは異なる独特の仕事内容があるといえるだろう。

そこで本節では、学校現場でのカウンセリングの担い手としてのSCの活動に注目し、その概要を述べる。

2 スクールカウンセラー事業の歴史

1995年、文部省によって「スクールカウンセラー活用調査研究委託事業」が開始された（いわゆる「スクールカウンセラー元年」）。

当時は、不登校（登校拒否）が増加の一途にあり、いじめを原因とした自殺

表4-1　スクールカウンセラーの配置校数の推移

	1995	1996	1997	1998	1999	2000	2001	2002	2003	2004	2005	2006	2007	2008 (計画)
小学校	29	97	186	373	602	776	1497	2607	1599	1823	1906	697	1988	2716
中学校	93	337	654	995	1096	1124	2634	3460	4778	5969	7047	7692	8839	8722
高等学校	32	119	225	293	317	350	275	505	564	693	594	769	633	681
合計	154	553	1065	1661	2015	2250	4406	6572	6941	8485	9547	9158	11460	12119

←調査研究事業（委託事業）→　　←補助事業→

※2007年度までの小学校・高等学校への配置は，都道府県等で特に配置の必要があると認めた場合に配慮したもの
（出典：「児童生徒の教育相談の充実について―生き生きとした子どもを育てる相談づくり」平成21年3月教育相談等に関する調査研究協力者会議）

が相次ぐなど，学校を舞台とした子どもたちの問題行動が社会問題としてクローズアップされていた。これを契機に，多様化・深刻化する子どもたちの「心の問題」に学校はどう対応していくべきかといった議論が高まり，試験的に「心の専門家」として SC を配置する事業が開始されたのである。

開始当初，教員免許を持たない人間が学校教育に参加することは異例のことであり，SC の存在は，「黒船の来襲」にたとえられるほどであったという（伊藤，2002）。しかし，ふたを開けてみれば，教師による評価はおおむね良好であり，当初は各都道府県3校（全国154校）であった配置校は徐々に増加していった（表4-1）。2001年度には，「スクールカウンセラー活用事業補助」と事業名を新たにし，試行期間から制度化へという大きな転換がなされるとともに，公立中学校への全校配置が目指された。また同時に，国による一律の事業ではなく，地域の現状に合わせた活用方法が模索されており，都道府県によっては高校における SC の配置を進めたり，市区町村レベルで小学校にもカウンセラーを配置するといった取り組みが行われている。

3　カウンセラーの活動内容

ところで，文部科学省は，SC の職務内容について，(1)児童生徒へのカウンセリング，(2)教職者に対する助言・援助，(3)保護者に対する助言・援助，の3

表4-2　スクールカウンセリングにおける子どもへの関わりの種類

援助を必要とする対象	心のエネルギーの量／問題性	カウンセリングの方向性
すべての子ども	エネルギー（多）　　（小）	開発的カウンセリング（1次的な取り組み）
一部の子ども	↓　　↑	予防的カウンセリング（2次的な取り組み）
特定の子ども	（少）　　問題性（大）	治療的カウンセリング（3次的な取り組み）

（佐藤（2007）に加筆修正）

つを挙げている。

ここではそれぞれの職務内容ごとに，SCの活動内容について具体的にみていきたい。

■……………………………■　児童生徒に対する相談・助言　■

SCの子どもへの関わりは，抱える問題の大小や心のエネルギーとの兼ね合いで，大きく3つの取り組みに分けられる（表4-2）。ただし，学校にはさまざまな問題を抱えた子どもがいることから，それらを踏まえつつもカウンセラーの活動内容は多種多様となっているのが実情である。

■……………………………■　1次的な取り組み　■

たとえば，相談室には子どもが気軽に立ち寄れる談話室的な役割がある。多くの学校で，子どもたちは，授業と授業の合間あるいは昼休みなどの時間を利用して，ふらっと相談室に立ち寄ることができる。SCや相談員がいる場所で，おしゃべりをしたり，ちょっとした不平不満などを口にして，気持ちをすっきりさせて帰るのである。また，相談室に置いてある心理学に関する本などを見て，その内にぽつぽつと心の中に押し込めていた葛藤について語り始める子どももいる。時には，短い時間のやりとりから，「今度先生に話聞いてもらいに来てもいい？」などと個別の相談につながるケースも珍しくない。そのほかにも，子どもとの関わりの場として，相談室以外の場所（たとえば，廊下や

給食に参加した教室の中など）が用いられることもある。

　いずれにしても，SCは日々の関わりの中でほんのちょっとした情緒的サポートを提供し，また子どもたちの話を真剣に聴き，時には笑い合い，彼らの存在を大切にしながらサポートしていくことは，子どもたちの心の基礎を育てるスクールカウンセリングの中でも大切な活動のひとつである。

■ ……………………………………………… ■　2次的な取り組み　■

　子どもたちが相談に来る経路には，大きく分けて2種類あるだろう。ひとつは，相談箱を利用した予約や直接来室など子ども自身によるもので，問題や悩みを抱えた子ども自身が直接SOSを訴えに来たりする場合である。もうひとつは，担任や養護教諭など教師の勧めや紹介で相談に来るケースで，子どもの苦戦している状況をキャッチした教師が先手を打ってSCに面接を依頼するといった場合である。どちらの場合も，対象となる子どもは，学校においてすでに何らかの苦戦状況に立たされている，あるいは，立たされつつあることが多い。そこで，まずはその子どもに起こった出来事やそれに対する受け止め方，今の気持ちを丁寧に聴きながら，情緒的サポートで十分なのか，あるいはきっかけとなった要因を取り除くための環境調節が必要なのか，対処行動としてのスキル練習といった道具的サポートが必要なのかを判断することが重要である。

　なお，こうした取り組みを行うためには，日ごろからの広報活動が欠かせない。というのも，子どもたちの中には，「相談室は，悩みや困っていることがある"病んでる人"が行くところ」といったマイナスイメージを抱いている者が少なくないからである。そのため，相談以外でも安心して話したり，リラックスできる場所という印象を持たれるような立ち寄りやすい相談室づくりを心がけておきたい。

■ ……………………………………………… ■　3次的な取り組み　■

　学校現場では原則的には授業が優先されるため，子どもの面接は，昼休みや

放課後が中心となる。しかし、授業時間帯も特定の子どもに対する対応のニーズは高い。たとえば、不登校の児童生徒にとっての相談室への登校は、教室に行けなくなった子どもを学校につなげる場として、また教室復帰に向けて段階的につなげていく場として重要な役割を持っている。また、発達障害を持った子どもにとっての相談室は、困った時に駆け込み、気持ちを落ち着け、スキルを教わる場として必要不可欠な場所となっている。

学校生活の中で苦戦している子どもたちの多くは、SC をはじめとしたカウンセラーや相談員という立場の大人（共感的他者）を得ることで、ゆっくりではあるが、自己肯定感を高めたり、学校への不信や不安を和らげていくことができる。安心感を土台に、楽しさや達成感を得る工夫や教室復帰のための学習支援など、さまざまな方法を提案できると良いだろう。

なお、SC は面接以外にもさまざまな活動を行う。たとえば、相談室を出て不登校の子どもの自宅に家庭訪問を要請されることもある。なかなか外出できない子どもに手紙を書くこともある。困難な状況にある学校ほど、相談室にこもりきりになるのではなく、相談室から学校全体に、そして地域社会にまで足を延ばすようなフットワークの軽さを持って対応する必要があるだろう。

■ ……………………………… ■ 保護者に対する助言・援助 ■

相談室を訪れる保護者には、(1)電話での相談や事前予約による面接など、保護者自身が積極的に来室する場合と、(2)担任や養護教諭など教師の勧めや紹介で消極的に来室する場合の 2 パターンがある。

子どもの場合と同様に、(1)は駆け込み寺的な要素が強く、子どもへの悩みや不安を抱えた保護者自身が藁にもすがる気持ちで相談に来る場合が少なくない。したがって、まずは保護者自身の気持ちを丁寧に受け止めながら、問題の所在を把握し、適切なサポートの種類を見極めていく必要がある。一方、(2)の場合、問題解決のために保護者との連携が不可欠であると感じた教師が、ひとまず保護者を SC に紹介するという形が少なくない。そのため、まずは保護者と一緒に子どもの状況を客観的な事実に沿って理解し、それに対する受け止め

方，今の気持ちを丁寧に聴きとりながら，ともに問題に対峙できる体制を整えることが重要である。

ところで，SC が行う保護者への対応の中で，最も頻度が高いのは，不登校の子どもを持つ親の面接である。家の中に不登校の子どもがいる家族は，その対応にとても気を遣う。特に，子どもがほとんど屋外に出ない状態にある場合，言葉のひとつひとつに過敏な反応を示す不登校児（生徒）に対して，家族全員がピリピリして息をひそめるように生活していることが少なくない。中でも子どもと一番接触の多い母親は，将来への不安や子どもへの対応に関する迷いで，飽和状態に陥っていることが多い。不安や迷いを抱え込んだ母親の中には，精神的に追い詰められて「どうしてあなただけ学校に行けないの」「もうあなたの顔も見たくない」など，普段ならば決していわないだろう台詞を子どもに投げかけてしまい，問題がさらにこじれてしまうケースもある。SC は，こうした事態に陥る前に，できる限り保護者とつながることを目指したい。そして，保護者が家庭内でのストレスや不安感などの感情を SC に吐露し，新たな気持ちで子どもに接することができる土台を作っていかなければならない。

保護者を精神的に支えることで，それが間接的に子どもに作用し，子ども自身の精神的な安定が図られるケースは案外多いものである。子どもへの情緒的サポートだけでは不十分である，あるいはきっかけとなった要因を取り除くための環境調節が必要であると判断された場合は，教職員と手を携えて積極的に保護者に働きかける必要があるだろう。そのためにも，普段から便りの発行や PTA への講話などを通じて広くスクールカウンセリングについての広報活動を行うことが大切である。

■ ……………………………… ■ 教職員に対する助言・援助 ■

長期化する不登校への対応や学級崩壊，発達障害を持つ子どもへの対応や，難しい保護者への対応など，近年，教師は非常に厳しい状況に立たされている。しかし，SC が行う教師に対する助言や援助とは，教師自身が抱える個人的な悩みをカウンセリングすることだけを意味するのではない。

たとえば，クラスに問題を抱える子どもがいる場合，担任教師はその子どもをどう理解すればいいのかとどう対応すればいいのかといったことに悩み，焦りを覚えるだろう。そんな際に，SCは，専門家としての立場から教師とともに子どもの気持ちについて話し合い，具体的な対応策を助言するのである。

　この活動は，コンサルテーションと呼ばれ，教育の専門家である教師と心の専門家であるSCが，ともに子どもをめぐる課題について考え，対策を協議することをいう。近年，コンサルテーションはSCの活動の中でも特に重要視されており，コンサルテーションの積み重ねを通じて，教師のカウンセリング的なものの見方を育てることが求められている。

■……………………………………………………………■ その他 ■

　学校には，教育目標を達成するために，能率的・合理的に仕事を分担し，処理していく校務分掌組織というものがあり，SCも教育相談部会や生徒指導部会など，いずれかの分掌に位置づけられていることが多い。

　そのため，SCは，上述の職務のほかに，学校組織の一員として，教職員に向けた研修や特定の子どもについて共通理解を図るための事例検討会を企画・実施することがある。また，自治体によっては，他機関との連携会議への参加など，各学校が必要と判断した活動を要請するところもある。

　近年，子どもたちの抱える問題は複雑になりつつあり，学校の力だけで解決することが難しいケースも少なくない。家庭の問題が深く潜んでいる場合など，そもそも学校の介入自体が困難なケースもある。このようなケースにおいては，問題の根源がどこにあるのか，誰をどのように援助するべきなのかを適確に判断し，問題解決の中核を担う組織は学校か，あるいは外部の専門機関なのかを見極める作業が必要となる。そのため，SCは，広い視点に立って問題対処への助言を行う能力や医療・福祉・司法など外部専門機関と学校との橋渡し役としての積極的な活動を行うことが求められる。

4　学校で役に立つカウンセラーとは

　ところで，学校をフィールドとする限り，SCには，まず「学校で役に立つ」ことが求められる。学校現場でより役に立つカウンセラーであるために，どのようなことを心にとめて活動すべきなのかを考えていきたい。

■··■ 教師との連携 ■

　SCは，教師とは異なる「専門性」を持ってやってくる「外部」の人間である。学校組織を担う一員でありながら，学校内における立場は，その他の教職員と一線を画している。そのため，SCは，学校内において独立的・中立的な立場をとりやすい。学校現場では，こうした立場を活かして，子どもや教師，保護者の間に立ち，互いのねじれた思いを正しく伝え調整する役割として，あるいは，異なるものの見方や新鮮な発想を提供する存在として，学校にまつわる人々を有機的に繋いでいく役割を果たすことができる。

　ただし，外部性を強調しすぎることは，SCに対する「お客様」や「批判者」といった誤解を招きかねない。SCの活動は，教職員との連携なくしては成り立たない。限られた時間の中で，SCが機能するためには，まずは学校という組織やその中のシステムを知り，さらに勤務した学校の特色やニーズに合わせ臨機応変に活動することが大切である。

　校内連携を図るためには，何よりもまず普段からの教師との関係づくりを心がけたい。相談室に閉じこもることなく，職員室にも居場所を開拓し，教室，保健室，図書室，事務室などに自ら出かけていくことで，教職員全体と関わる機会を積極的に作り出す必要がある。さらに，子どもや保護者への相談活動の後には，担任教師などと情報を共有することも忘れてはならない。「報・連・相」は，校内連携の基本である。ただし，その際，専門用語を使いすぎると伝わるべき内容が教師に正しく伝わらないことがある。あくまでも，学校というフィールドでは「学校で通じる言葉やルール」に則って，互いに正しく情報を共有できるような努力をすることが望ましい。

■……………………………………■ アセスメント能力をつける ■

　さらに，SCには，子どもたちが抱える問題や学校が抱える問題を客観的に理解し，適切な援助方針を立てる，アセスメント[2]能力が求められる。病院臨床などではクライエント個人のアセスメントが重要となるが，学校臨床では子ども自身へのアセスメントと同時に学校環境を客観的にアセスメントする必要がある。実際に相談活動が始まると，教師とのやりとりの中で，教員同士の人間関係や，管理職の位置づけ，SC自身の位置づけや教師からの期待などもみえてくることだろう。こうした学校が持つ独自の空気感といったものは，組織内にいるとどうしてもみえづらく，外部性を持つカウンセラーだからこそ感じることができるものでもある。

　なお，学校で行うアセスメントでは，子どもや教師の持つ潜在的な力を意識した判断が求められることがある。具体的な支援に結びつけるためには，客観的かつ適確なアセスメントを行い，学校内の資源を探し出す必要がある。しかしながら，SCが直接子どもと関わることで問題解決が図れる場合もあれば，教師と問題について話し合う中で，教師の理解が深まり問題解決が促進されることもある。したがって，誰に何をどのように伝えれば問題解決に役立つか，SCの支援は本当に必要なのかなど，状況に合わせてのりしろを考えたアセスメントを行うことが必要とされる。

5　スクールカウンセリングが抱える課題

■……………………………………■ 資質や経験の差 ■

　臨床心理学やカウンセリングという学問には，教育領域のみならず，医療領域・福祉領域・産業領域・司法領域など，さまざまな専門領域がある。スクールカウンセリングに携わる者は，でき得る限り学校臨床心理学や教育相談などについて学んだ教育領域を専門としている人物が望ましいだろう。

　ただし，SCの量的な確保が難しい地域などにおいては，教育領域での専門

性を持たない人たちが配置されるケースが少なくない。また，SCの需要が急増したことで，臨床心理学やカウンセリングを学んだものの，実際の臨床経験がほとんどない人たちがSCにならざるを得ない地域もある。こうした問題は，結果としてSCの資質に関して学校間差や地域差を生じさせてしまう原因となっている。

　先にも述べたとおり，近年子どもの問題は複雑化しており，子どものみならず家庭や地域社会を巻き込んだ解決が必要とされるケースが増加している。こうした問題に専門家として適切に対処するためには，SCとしての資質の向上が欠かせない。そのため，各地の教育委員会や関連する専門諸団体の多くは，SCの資質を担保するために，継続的で質の高い研修会を開催するなどさまざまな取り組みを行っている。また，SCとしての一定の質を担保するため，一部の臨床心理士会などでは，新任のSCに対し，経験者とは異なる研修会を設けたり，スーパーバイズを義務づけたりしている場合もある。

■··■ 雇用の問題 ■

　SCの雇用に関する課題は，SCの人材育成において大きな問題となっている。わが国では学校に配置されているほとんどのSCは非常勤である。そのため，SCになりたいと望む経験豊かな人材の確保が難しい。

　たとえば，公立学校のSCの場合，1勤務校あたりの平均勤務時間数は週に4～8時間程度となっている。1週間の生活を考えれば曜日ごとに複数校を担当するか，他の仕事とのかけ持ちをしなければ，経済的な安定は望めない。SCの身分がこのまま不安定なままであるならば，今後もこの職業に経験豊かな人材を確保し続けていくことは難しいといわざるを得ないだろう。

　こうした課題に対し，常勤で雇用したり，経験年数を考慮して待遇に差を設けるなど，さまざまな工夫を行っている自治体も見受けられる。しかし，こうした取り組みはまだまだ少数の事例にとどまっている。

6 おわりに

　SCが学校現場で活動するようになって18年が過ぎた。活動開始当初に比べ，SCに期待される役割は多種多様なものになってきている。一方で，苦戦しながらも学校生活を送っている子どもたち一人ひとりの姿は，18年前と何ひとつ変わっていないようにも感じられる。

　長くスクールカウンセリングに従事している筆者の恩師は，自身の理想の生き方を「勁き草の如く」と形容した。今まさにスクールカウンセリングに従事する者に求められていることは，複雑化する問題に対し，心折れることなくしなやかに向き合うことだろう。これから学校現場でカウンセリングを行おうとする方々には，この章をひとつのきっかけとして，ぜひしなやかな態度で，子どもとそして学校とともに歩んでいただければと思う。

③ 教育相談の実際

1 はじめに

　ここでは，教育相談所の役割とは何か，教育相談はどのように行われているかについて紹介する。教育相談所も，地域によって実態はさまざまだろう。学校にSCが入るようになってからは，その役割や，学校との関係の在り方にも地域差があると考えられるので，ひと括りに述べるのは難しいかも知れない。

2 相談の進め方

　地域・機関によって多少の違いはあるだろうが，教育相談所での基本的な流れは以下のようである。

■ ………………………………………… ■ インテーク面接 ■

　初回の来所時に，問診票（形式はそれぞれの相談所による）をもとに主訴（相談したいことは何か）や，家庭環境・家族構成・これまでの生育歴（出産時の状況から発達状況や病気の有無など）をひととおりたずねる。この時にたとえば，

「直接関係がないように思うかもしれませんが，差し支えのない範囲で結構ですからお答えいただくとありがたいです」などと断ってたずねる。一番困っていることは何か，家族，特に両親の関係なども感じ取りながら質問する。

子どもに発達障害などが心配される場合は特に，子どもを理解する上で欠かせない資料となることから，改めて時間をとって発達検査を勧める場合もある。もちろんその際は，保護者の了解をとることが必要である。保護者からの情報と発達検査の情報を合わせて，今後の対応や計画を立てる。

■……………………………………………■ 担当者を決める ■

スタッフ会議をし，担当者や面接の回数などを話し合う。ここでは，保護者の面接だけでいいか，子どもと保護者の並行面接にするか，その場合，間隔をどうするか（たとえば，子どもは毎週，保護者は月1回でいいか，など），担当者は，子どもと保護者を別々にするか，同じでいいか，などの打合せを行う。スタッフの数に余裕がある場合には，相性や希望，得意とする分野などもあるので相談対象者の特徴から担当者を選択することもできることがある。

■……………………………………■ 相談・プレイセラピーの開始 ■

多くの場合，保護者は面接のみだが，子ども（特に小学生）は言葉だけで自分の気持ちを表現するのは難しい。オモチャや遊具を使ってプレイルームで自由に遊ばせながら，我慢している気持ち，抑えている感情などが発散できるように工夫し関わる。相談担当者は，時間（予約した時間に限定する）と空間（プレイルームの中に限定する）を守って，決められた枠の中で関わることが求められる。約束として「この部屋の中では何をして遊んでもいいし，何もしなくてもいい。ただ，危険なことをした時は注意するし，私に乱暴するのはやめてね」と伝える。この約束は，"面接に通う動機づけ"にもなり，子ども自身を守ることでもある。担当者との二者関係をしっかり築くためにも必要な条件である。小学校高学年や中学生になると，言葉で気持ちを表現するより箱庭で表現する方が抵抗が少ないケースもある。そのためにも，箱庭セットを用意する

とよい。

■──────────────────■ ケース会議 ■

　並行面接の場合は，ケースの合間などに担当者間で互いの状況を話すことができる。改めてケース会議を設けて，互いのケースを持ち寄って話し合うことも必要である。担当者以外の意見が参考になり，停滞していた状況が展開する場合がある。子どもや保護者の気持ちは，距離をおいてみている人の方が，よりわかることもある。自分の担当ケースを抱え込まず，互いに忌憚なく意見や感想が言える関係を作っておくことが大事である。それは，相談所自体の健康度を保つためにも必要なことである。

■──────────────────■ 終　結 ■

　問題が解決し，子どもや保護者が自信をもって，何とかやっていけそうだという感じを受けたら，2回くらいの余裕をもって終了の時期を伝えるといいだろう。子どもは「あと2回でおしまいね」と伝えると，一時荒れてみせたりもする。「もっと通って来たいと思うのかな？　そうだね，楽しかったものね」と言うなどして子どもの気持ちを受け止める。同時に，そこに至るまでの変化や成長を言葉で表現すると良いだろう。「お友だちと遊ぶのが楽しくなって良かったね」「学校に行く楽しみができたね」「嫌なことはヤメテ！　って言えるようになったよね」など，できるようになったことを挙げる。すると子ども本人も，自分の成長に気づく機会ができる。言葉に出して伝えることで意識化してあげると落ち着くことができるようだ。保護者には，何かあったらいつでも利用していいことも忘れずに伝えよう。

3　学校との連携

　学校の外の相談機関なので，基本的には来所していること自体も秘密が守られなければならない。しかし，児童生徒の場合，その抱えている問題を学校現場にも理解・協力してもらうことで，早期の解決につなげるのに役立つ場合が

ある。保護者と学校との関係がよほどこじれていない限りは、保護者の了解を得た上で、学校に状況や事情を説明し、協力をお願いするのも役割となる。

　たとえば、登校しぶりが始まった時など、理由はどうあれ、なるべく早い時期に学校が対応してくれると問題を大きくしたり長引かせずに済む。子どもにとっては"学校＝担任"であるので、特に担任とのつながりを促し、関係を切らずに継続させることがカギである。

　経験の浅い教師には、以下のような具体的な方法をアドバイスしてもいいだろう。

　○電話で翌日の予定を知らせ「待ってるね」という
　○さりげなく昇降口で迎え「おはよう」と声をかける
　○「もし疲れたら保健室で休んでいいよ。その時は言ってね」と言う……など

　その内に、担任が自分の言葉で自分なりのやり方で対応できるようになるといい。大事なのは、「あなたのことを気にかけているよ」「あなたは私のクラスの大事な生徒だよ」という気持ちが子どもに伝わることである。担任の工夫や努力に気づいたら、必ず言葉に出して認めるようにこころがける。認めてもらった担任は嬉しいし、もっと頑張ることができる。

　ここで、教育相談所と学校との連携がうまくいった不登校の事例を紹介しよう。小学3年生の女児で、家庭は、両親と5年生の兄と本児の、4人家族である。

　相談所に通っていた母親は「自分の子育てが間違っていたからではないか？」と思っていた。一方では、子どもが学校に行かないのは校長先生が嫌いだから、とも言っていた。態度が怖い、体が大きくタバコ臭いなど、子どもなりの理由があった。遅刻して登校した時に「もっと早起きしなくちゃだめじゃないか！」と、会うなり大きな声で叱ったのが決定的だと言うのである。担任は母親に時々電話をするなどしており、相談所に通っていることも承知していた。

　夏休み前に、その担任から「本児の相談所でのようすを知りたい」「クラス

には他にも心配な児童がいるし，自分の子育てにも悩んでいるので，相談したい」と電話があった。担任と面談したところ，気持ちを率直に述べる人だった。「女児の不登校は自分のせいではないか？ 子育てがうまくできない自分は，保護者から担任として信頼されないのではないか？ 校長は『そんなことだからクラスをまとめることができないのだ』と思っているらしく，批判的な態度をみせる。それで，よけいに自信をなくしてしまう」と言う。

関係も気持ちも複雑なようだったが，互いの情報を提供しながら，問題整理をし，これからできることを一緒に考えてみることにした。

　○女児の不登校は，担任のせいではないこと
　○「子育ては思い通りにならない」悩みを共有できるとわかれば，保護者はむしろ担任を信頼できるのではないかということ
　○大きな声や乱暴な言葉が嫌いな担任は，女児が校長の言葉に傷ついたことが理解できること
　○クラスの子どもを心配する教師をみて，他の子どもは「自分が困ったときも先生はこんなふうに心配してくれる」と思って安心するものだ（甘やかしと思われないか？ と不安になることがあるようだが，逆である）
　○不登校の子どもは，担任が心配してくれているとわかると安心するものだ

以上のことが整理でき，担任は自信をなくしていたものの安心できた様子である。次に，担任が不登校の子どもに対してできることを考えてもらった。

　○印刷物を届ける（クラスであった面白いエピソードなどを空白部に書き加える。休んでいても学級のようすは気になっている）。
　○時々電話をする（登校を誘う目的ではなく，元気にしているか？ で十分）。
　○社会科見学・音楽鑑賞会などの行事予定を早めに伝える（参加できたかどうか疑問でも，「もっと早く知っていたら行きたかった」と言うことがある。間に合わなければ意味がない）。
　○時々お母さんの話を聞く（親の不安をやわらげ，心配を共有できる）。

このプロセスは，担任が，自分なりの対応を考えたことに意味がある。人にいわれてするより，自分で考えたことの方が，主体的に取り組める可能性が高い。不登校の子どもに対しては，あまり負担にならないことを考える方がいい。「これくらいのことなら何日でも続けられる」と思えることでいい。長引いた時「こんなに協力しているのに」と，子どもを責めたくなってしまうからである。その気持ちを，子どもはすぐに感じ取るものである。

　相談員はこの時，不登校の子どものためというより，自分自身の問題として相談所に足を運んでくれた担任に対して，心から感謝の気持ちを伝えた。率直な気持ちを話してくれ，自分にできることを本気で考えてくれたことも信頼できた。

　後日，保護者にもこのことを伝えたところ，「子どもの不登校は自分の責任だ」と思っていたのに，担任も「自分の責任ではないかと思っていた」と聞いて驚いたようであった。実際に相談所に来てくれたことで，本気で心配してくれていることがわかって嬉しそうだった。お互いを責めないことで，信頼感は一気に増したようだった。

　周囲の大人たちが仲良くしているようすは，子どもを安心させるものである。逆だと「大人たちの仲が悪いのは，自分が心配をかけているからだ」と思って，自分を責める子どももいる。

　校長先生には「大きな声に慣れていない子は，それだけで怖いと思ってしまう」「他の子どもが叱られるのを見て傷つく子どももいるので配慮してほしい」「大人は，大人であるというだけで子どもにとって怖い存在である」という話をした。担任の頑張りを認めてあげてほしいということも伝えた。

　その後の詳細は省略するが，少しずつ自信がついてきたと思ったところで，保健室登校を提案してみた。校長は保健室登校を甘やかしと思ったようだったが，担任と養護教諭が"必要なプロセス"と理解してくれた。気長な協力のおかげで不登校は解決した。

　学校との連携といっても，一通りではない。相手や状況が違っても，子ども支援のために連携することが求められる。人ゆえに感情がある。言葉の使い方

の癖もある。だれが，どんな雰囲気で，どんな場面で，どんな声の調子で言葉かけをするか？　感受性や語彙力の違いも影響するだろうし，言葉と表情，その両方の表現力もものをいうだろう。人（特に子ども）に関わる教師や相談員は，自分の感受性を磨き，語彙力・表現力を高める努力もしなければいけない。

4　他機関との連携

　教育相談所は，学校以外の機関とも連携する必要がある。今の社会は，家庭環境・家族構成・保護者の職業や勤務形態など，実にさまざまであるにもかかわらず，個人情報が守られるので，学校や相談所が得られる情報が少ないようだ。学校に提出する家庭調査票の項目の少なさからも明らかである。少ない情報しかないのに"理解"しなければいけないのだから難しい。学校や教育相談所が援助できることには限界もある。そこで，地域の社会資源である，相談機関，療育機関，医療機関，保健所，福祉事務所，児童養護施設，子ども家庭支援センターなどとの協力・連携が必要になる。

　子どもに軽度発達障害がある場合，多くは乳幼児健診，歯科健診，発達健診のどこかで気づき療育機関に紹介されていることがある。しかし，入学後に気づいた担任が教育相談所に紹介することもある。SCから教育相談所や療育機関に紹介される場合もある。保護者に問題意識がないと，療育機関に紹介するまでに時間がかかることもあるが，根気よく関係をつなぐことが必要である。

　周辺の関係機関の担当者の名前と顔を知っておくと連携がスムーズにいくだろう。子どもの成長を援助するためには，はじめに出会った担当者が，自分のところで担うべき役割と，依頼や紹介をする他機関を適確に選択して連携を図ることが必要になる。多くの人の名前や顔が思い出せると心強いものである。自分の役割と能力を自覚し，他機関の専門性を尊重して，人につなぐことが求められる。

　最近，保護者の問題（たとえば精神疾患など）が子どもに影響しているケースにもよく出会う。その場合は，保護者が医療機関にかかっているかどうかを

確かめる。もし医療機関にかかっていなければ受診を勧め，必要なら紹介する。地域によっては，役所の学校教育課で中学校を対象に学校精神科医を置いているところもあるので，その担当医を知っておくことも必要である。保護者が医療機関にかかっていたとしても，相談員が気軽に相談できると心強い。いずれにしても心理相談員は，自身の専門性を承知して関わることが大切である。

関係機関が連携する時，「○○に行ってください」ではなく「○○というところに行くと，私がよく知っている△△さんがいますから」という紹介の仕方をするといい。「よろしければ，わたしからも連絡しておきましょうか？」とつけ加える心遣いも必要だろう。不安な人は安心するだろうし，消極的な人には動機づけになるかもしれない。

5 教育相談の課題

■……………………■ 教育相談所の構成員と役割について ■

過去のように退職した校長・教頭・教員が相談員の大半を占めている教育相談所は少なくなり，心理職の専門家を置くようになってきた。教職経験者と心理職の両方がいて，適材適所で役割を分担できることが望ましい。

■……………………■ 「指導」と「相談」の違いについて ■

教職経験者が教育相談研修を受けずに相談を担当した場合には，以下のような問題が生じることがある。

指導・教育をしてきた教職経験者は，相談所に来た保護者や子どもに対しても指導・教育をしたくなるようである。つい，「こうした方がいい」「こうしたらうまくいく」と思って勧めがちである。相手が素直に聞かなかったり，反抗的な態度をみせると叱ったりしてしまう。「態度が悪い」「言うことを聞かないからだ」と腹を立てる場合もある。

「勉強が嫌いで学習についていけない」「こうしたいと思っても実行できない」「悪いと思っていてもやめられない」「わかっていても能力的，経済的，時

間的に"ムリである"」……そんな状況が続いた結果，学習の遅れ・クラスへの不適応・不登校・非行・生活の乱れなどの問題が現れ，困って相談に来るのである。

　当たり前のこと，世間一般の常識的なことを言われてもそれができないから困っているのだと言いたくなるだろう。できなくて困っていることを再び指摘され，親がしっかりしつけないとだめだと責められたのなら余計に自信をなくす上に「こんな思いをするなら相談になど来なければ良かった」と思うかもしれない。学校教育からはずれたり，学校でうまくいかなかった結果生じた問題を，もう一度学校教育の枠にはめようと，指導・教育を強くしても解決はしないだろう。

　相談とは，まず相手の話をしっかり聴くことである。困っていることは何か，どうしたいと思っているのか，何を心配して不安になっているのかなど，相手の気持ちを理解しようと思いながら，一所懸命耳を傾けて聴くことが必要である。

　相談所に来る人は，確かに困っていたり迷っていたりする。だからといって答えを教えてもらいたいのではなく，一緒に考えてほしいという場合も少なくない。困っているということをわかってほしいのである。急いで答えを教えても，その場は「そうか，そうすればいいのか」と思うが，すぐにまた迷う。うまくいかないこともある。「あの人が言ったとおりにしたのにうまくいかなかった」と，相手のせいにする。こうすればいいと教えられても，本人にとって納得のいくものでなければ，答えがわかったことにはならないのである。

　教育相談所の主訴の多くは，化学式で解明されるようなものでないものがほとんどである。こうしたいと思うのにうまくいかない，ちっとも相手に伝わらない，どうしていいかわからないと，困りきっていることがある。何もかもうまくいかなくて，自信をなくしてしまっていることもある。それでも何とかしたいと思い直して，やっとの思いで教育相談所というところを見つけて来所したのだとしたら，迎える方は「よく来てくれたね」と声をかけてあげてもいいくらいである。

受容と共感ということがよく言われる。その基本は，相手の気持ちをわかろうとしながら耳を傾けて聴くことから始まる。相手の気持ちを汲み取りながら，相手の立場に立って聴かなければわからない。わかろうとする気持ちがなければ共感できない。"そんなはずがない""それはおかしい"と感じてしまったら受容できない。

特に，不登校に関して教師は理解が難しいようだ。なぜなら，学校が大好きで，勉強が得意で，ずっと楽しい学校生活だった，という人が職業として教師を選んでいることが多いからである。"学校がいやだなんてわからない""学校でもまれてこそ立派な社会人になれる"と信じていれば，不登校の子どもに共感できないし，その気持ちを受容するのは難しい。

■ ……………………………………………… ■ 教職経験者の役割 ■

教職経験者と仕事をすると，教育委員会の仕組みから，学校行事・PTA・学校現場の専門用語（たとえば，校務分掌などの用語）など，いろいろと教わる機会にもなる。そういう細かな学校の情報を教えてもらうには，教職経験者は教育相談所の構成員としてなくてはならない人であるともいえる。

こうしたことから，教育相談において教職経験者は，教育相談所と学校とが連携する際や，学校教育課・教育委員会の管轄下に位置する相談機関として情報を得たり連携したりする際の"つなぎ役"としても必要な存在といえる。

以上のように，教育相談所には心理職のカウンセラーのみならず教職経験者が必要であり，お互いの立場と専門性を理解して役割分担をしていくのが望ましい。

6　守秘義務について

守秘義務という言葉の意味は「わかっている」し，「自分は守っている」と答える人も多いだろうが，厳密にはとても難しいことである。

学校では，教員たちが児童・生徒の問題を共有していないと指導しにくい面があるかもしれない。特に中学校は教科担任制もあり，生徒に関わる教師のだ

れもが情報を共有していた方がうまく指導できると考えるだろう。心理相談を担当する教職経験者が，相談の結果自分が知り得た情報を共有していいと思ってしまうのは，良かれと思ってのことであることが多い。

しかし教育相談所では，守秘義務は最も大事にしなければいけない約束事なのである。学校現場におけるカウンセリングの考え方の中でも述べられているように，同じ心理職でありながら，学校内にいるSCとも，この点で一番違いが大きいだろう。

■……………………………………………………■ 学校に対して ■

教育相談所を利用したこと自体も，相談内容も，学校には伝えないことが基本である。たとえば自分のクラスの保護者が教育相談所に行ったことがわかると，担任は何を相談に行ったか，そこで何を話したかなどといったことが気になるだろう。校長は自分の学校の児童・生徒に関することなので，管理責任があるという理由からやはり知りたがるだろう（教師が相談に来ることもあるので，その場合は余計こうしたことが起こりがちである。特に今は，悩んだり相談事を持つこと自体が指導力不足と思われがちで，悩む教師が孤立する傾向があるのが問題である）。確かに，何か事が起きると責任を問われたり，予知できなかったことを責められるので無理もないだろう。しかし，学校外の教育相談所に相談するのは"担任や学校に知られたくない"からで，その気持ちを尊重すべきである。

以前，職場で経験した忘れられないエピソードがある。ある元校長が，相談に来た保護者が帰ったと思う間もなく学校に電話をし「何年何組の生徒の親が，こんなことで相談所に来たよ」と伝えてしまったのである。「知らせた方がいい」「その方が学校はうまく児童・生徒を指導できる」という親切心からだろう。相談に来た保護者の立場より，学校管理職の立場に立ってしまったと思うのだ。そのことで教育相談所が信頼を失うなどとは思ってもいなかっただろう。ただここで，保護者の気持ちに共感したり，なぜ学校に相談できないのかを考えたら，伝えることはできなかったはずである。

ケースによっては（たとえば，不登校や集団不適応，学習の遅れ，友だち関係など）学校・担任と連携をとる必要があり，本人に了解・納得してもらうことがある。そうしたケースの際は，「なぜ連絡をすることが必要か」「そうする方がいいと思う理由」を説明し当事者が「それでもいや」ということであれば，秘密にする旨を伝える。その際は「このことだけはいわないでほしい」ということがあるかどうかも確認する。すでに顔がわかりあっている学校や，知っている教師の場合などは「○○先生のことは，わたしも知ってるよ」と言うのもいい。知らなければ知らないでたとえば，「担当教科は」「アダ名はある」「どんな先生かな」と，本人から情報を得てもいい。本人の説明の仕方で，担任にどんな感情を抱いているか，担任以外に信頼している教師はいるか，学校で好きな場所はあるか，全てが嫌いか，などがわかる。たとえ本人の気持ちがわからなくても，相談員に自分の学校のことを知ろうとしている，担任の先生と仲良しになろうとしているという気持ちがあることが伝わることもある。少なくとも自分に関心を持ってくれていることや自分のことを本気で考えようとしていることが感じてもらえるといい。

　相談所に通う子どもの中には，「こんなことで相談所に来ている自分が情けない」とか「ひとりで解決できない自分はだめな子だ」と考えている子どももいる。そうしたケースでは，以下のような言葉がけも有効である。

○大人は，子どもを守る義務があるんだよ
○自分でどうしたらいいかわからない時は，まわりの大人を頼っていいんだよ
○お父さんお母さんも，学校の先生も，私も，あなたのことを知っている大人が
　みんなで一緒に考えると，解決すると思うよ
○私たちもみんな，そうして大人になってきたんだよ
○大人だって困ったことがあったらほかの人に相談しているんだよ
○あなたと会う時間を忘れずに待っているよ
○あなたが安心できるように応援するのが私の仕事だよ

■ ……………………………………………… ■ 保護者に対して ■

　相談内容によっては，保護者と子どもを別のスタッフが担当する場合がある。その時も大事なのは保護者と担当者や子どもと担当者との信頼関係である。子どもが相談所で言ったこと，したことを，そのまま親に話すことは（場合によるが）しない。相談所に来る子どもの多くは，自信がなく自分を認めておらず，ありのままの自分を表現できずにいる。担当者の役割は，その抑圧的な気持ちを開放してやり，自由に気持ちを表現できるように導くことである。

　ある中学生の女子が，保護者に対して反抗的で困っているという主訴で来所した。子どもを担当したのだが，はじめの2回ほどはほとんど口をきかなかった。「何もしなくていい，何も話さなくていい」ことが認められたとわかると，少しずつ言葉が出てきた。母親の前ではおとなしいと思っていたのに，言葉は荒っぽくなげやりだった。おもちゃを乱暴に扱ったりもした。それを親には伝えない。親の悪口をいったとしても否定せず，もちろん伝えない。「お母さんのこういうところが嫌いなんだよね」と言う。「そうなんだ。そういうのが嫌なんだね」と返し，ある時は「なるほどね。それはあなたにとって都合がわるいのかな？」と言ってみた。子どもの立場ゆえの感情に，自分でも気づくかと思ってのことである。「お母さんはすぐ反対したり，押し付けたりする」と不満が出たら「そうか，あなたが否定された気がしたんだね」と受け止める。「言い方を変えてみたらどうかな？　たとえばこんなふうに……」と提案もしてみる。そこで「お母さんはあなたのことが心配なんだよ」とは言わない。担当者が母親の味方だと思ってしまうからである。

　批判的な発言を否定したり，拒否的・否定的な感情を矯正したりされないとわかれば，子どもは「こんなふうに感じてもいいのだ」「私が思ったことは理解してもらえたんだ」と思うだろう。また，自分が言ったことが保護者に伝わっていないことがわかると安心もするだろう。自分の立場を守ってもらっていると感じるのだ。「これでいいんだ」「今のままの私でいいんだ」と何度も実感することを繰り返すと，自己肯定感が生まれ，自信が持てるようになる。子ど

もは、母親に本音を伝えたい気持ちがあるし、本当はわかり合える方がいいとも思っている。だからといって担当者が焦ったり、急かせたりすることはない。子どもの揺れ動く感情を受け止め、自立しようとする気持ちを認めて言葉に出してあげることが大事である。

たとえ親子でも、担当者が別々にいて、子どもの秘密（特に気持ち）をしっかりと守ってやる。そのことで、子どもは相談者との関係に自信を持ち、ほかの人とも安心して関わることができるようになるのである。二者関係をもう一度築き直す場所になるのだろう。

■引用・参考文献

早坂方志　2003　発達の臨床からみた教育相談　平山諭・早坂方志編著　発達の臨床からみた心の教育相談　ミネルヴァ書房　pp. 2-15.

平野直己　2003　学校臨床心理学とは　伊藤美奈子・平野直己編　学校臨床心理学・入門―SCによる実践の知恵　有斐閣アルマ　pp. 2-19.

保坂亨　2001　面接の構造を作る　平木典子・袰岩秀章編著　カウンセリングの技法―臨床の知を身につける　北樹出版　pp. 16-38.

石隈利紀　1999　学校心理学―教師・SC・保護者のチームによる心理教育的援助サービス　誠信書房

伊藤美奈子　2002　スクールカウンセラーの仕事　岩波書店

教育相談等に関する調査研究協力者会議　2009　児童生徒の教育相談の充実について―生き生きとした子どもを育てる相談づくり

永田法子　2003　学校での面接の進め方　伊藤美奈子・平野直己編　学校臨床心理学・入門―SCによる実践の知恵　有斐閣アルマ　pp. 86-103.

佐藤修策監修　2007　学校カウンセリングの理論と実践　ナカニシヤ出版

吉武光世　2003　セラピストは何をするのか―心理療法の進め方　窪内節子・吉武光世　やさしく学べる心理療法の基礎　培風館　pp. 1-13.

コラム2

子どもの不安は親の不安？

「親の心子知らず」「子はかすがい」「目に入れてもいたくないほどかわいい」「負うた子に教えられる」などというように，親子にまつわることわざや慣用句は，古くからいくつも残されている。

カウンセリング場面においては，子どもの発達や学校に関する問題について，保護者・両親の方々とお会いすることがしばしばある。子育て・育児の悩み，発達（障害）に関する相談，学校不適応や不登校の問題など，実際にお話しする内容は多岐にわたる。学校内や教育相談室・クリニックなど，カウンセラーが話を聞く場面はさまざまだが，来談者側も，自発的に来室した，誰かに勧められて来た，いろんなところを転々として来たなど，いろいろな経緯がある。

保護者とのみ面接を行うこともあるが，子ども本人とも並行してカウンセリングや心理的支援を行うこともあり，その形態は多様である。自分の思いを言葉で表現することが難しい子ども，教員やカウンセラーに困りごとを伝えるのに慣れて饒舌な子ども，自分自身でなんとか何かを変えようと苦闘している子ども，親や周囲の人々を気遣い本音で語ることを避けようとする子どもなど，いろいろな子どもに出会う。そんな中で何度かカウンセリングを続けていくと，子ども本人とは別の保護者自身の困りごとに直面することになる。

具体的には，現在の家庭環境，仕事，これまでの結婚生活，夫婦関係，嫁姑関係などが語られることがあれば，親も幼少期に子どもと同じような問題に直面していたことが明らかになることもある。たとえば，子どもが集団でなじめない・不安が高い，という困りごとで来室された方の話を聞いているうちに，実は親本人も人づきあいをする場面で不安を感じて，PTAの集まりに顔を出すことがとても苦痛である，という相談になっていく。

では，子どもの問題は親の問題なのか？と考える方もいるかも知れない。「親の背中を見て育つ」ではないが，親の振る舞いを家庭で見聞きして，知らず知らずの内に学習していたという可能性はある。長い目でみると，育て方のバランスがどうもうまくいっていなかったことで，種々の問題が生じていたのかも知れない。しかし，実際には，どんな親のもとでも立派に育つ人々も多くいる。かえって周りからみれば大変だなあ，と思う家庭環境でも立身出世を果たして，人として熟成している人もいる。

重要なのは，問題が生じた場合は，まずは子ども本人の目線に立てているか，を考えてみることではないだろうか。そして，親としての接し方が子どもにうまく機能していないのであれば，子どもだけでなく親・保護者側も変わろうとする姿勢になり，問題に取り組んでいくということになる。

　子どもを対象とするカウンセリングの場でも，子ども本人は自分の問題に取り組んで新しい振る舞いや考え方（認知や行動）を身につけていく。さきほどの人づきあいをする場面での不安は"社交不安"というが，そのような不安には回避的な振る舞いをやめたり，自分の注意を外側に向けるトレーニングを行ったりする。それだけでなく，親・保護者さらには家族そのものがこれまでとは違う形に変化をしていくようになる（もちろん，学校や子どもを取り巻く人々を含む場合もある）。

　このようなプロセスがうまく進むカウンセリングでは，親も子どももそれぞれが良い変化を実感していることが多い。そういう意味では，親が子どもについて困っている時には，一度立ち止まって自分自身や今の暮らしを見つめてみることも重要だといえるだろう。

　「親思う　心に勝る　親心」という言葉がある。子どもは自分で自分の世界を生きているが，親はそれ以上に思いを寄せているものである。その思いが強すぎることで親子が問題を抱えることがあれば，思いが弱すぎることで子どもが心を痛めていることもある。子どもの暮らしのつまずきに対して，親は自分の育て方が間違いだったのかと後悔の念を持つことが多くある。実際には，家庭外の環境，本人の振る舞いや考え方，友人関係など，種々の要素が絡み合っていることが多い。つまりは，多様で客観的な視点を持つことがポイントなのだが，その際には，カウンセラーのような第三者的な存在が貢献できるように思う。また，気づいていても一歩踏み出せないでいる時にも，カウンセリングのような場で誰かに伝えることが，変化を生むきっかけになるのかも知れない。

第5章　産　業

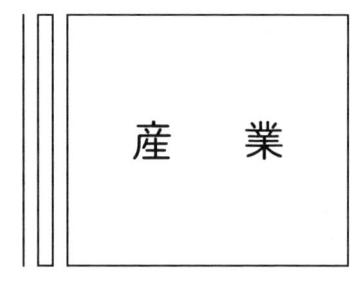

近年，産業現場（以下，企業や職場，事業者と表記する）における心理的支援の実践と支援効果の検討を行うことが急務となっている。職場における心理的支援では，カウンセリングをはじめ，臨床心理学や健康心理学領域における知見を用いた教育的支援を実施することで，従業員のメンタルヘルス保持増進や予防の効果を上げることが求められている。

本章では，職場における支援の変遷を紹介し，職場ストレスの問題や支援の骨子をまとめる。

1　職場における支援

1　職場の役割と職場ストレス

労働者に対する支援は古くから実施され，より良い環境で生産性を向上させることに対する取り組みも実践されてきた。また，労働者を支援する必要性は，特に厚生労働省をはじめとした政府機関から指針として提示され，各企業に対して"労働者の健康を保持増進すること"が義務化（もしくは努力義務化）されている。そして，各企業には，労働者の健康保持増進を実現する責務が課され，具体的な支援法を実動させることが求められている。一方，労働者も自分自身の健康を保ち，賃金に見合うよう労働する義務がある。労働者の健康保持増進は，企業および労働者自身の努力により実現できる。そして，健康保持増進の大きな目的のひとつは生産性を向上させることである。企業と労働者との"健康的な"相互関係を築くことは，今日的な課題となっている。

98　第5章　産業

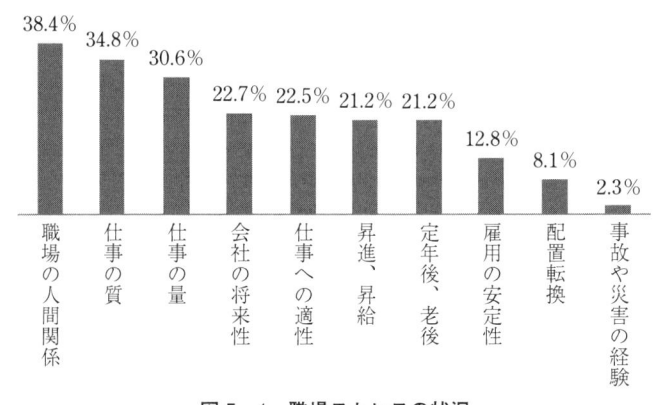

図5-1　職場ストレスの状況
- 職場の人間関係　38.4%
- 仕事の質　34.8%
- 仕事の量　30.6%
- 会社の将来性　22.7%
- 仕事への適性　22.5%
- 昇進、昇給　21.2%
- 定年後、老後　21.2%
- 雇用の安定性　12.8%
- 配置転換　8.1%
- 事故や災害の経験　2.3%

（平成19年労働者健康状況調査に基づき著者作成）

　健康とは身体的健康のみならず，心理的側面の健康も含む。近年では，ストレスの問題を起因としたメンタルヘルスの低下が社会的問題ともなり，心理的側面の健康に対する注目が高まっている。こうした社会的風潮に伴い，企業に対しても，労働者の身体的健康のみならずメンタルヘルスの問題を支援することが求められている。

　平成19年度に実施された労働者健康状態調査（厚生労働省）（図5-1）では，労働者がストレスを喚起される問題について整理している。その結果，仕事内容（仕事の質や量）や雇用（会社の将来性や昇進・昇給，雇用の安定性）の問題を抜いて，人間関係の問題が職場ストレスを喚起する一番の問題となっている。

　職場の人間関係がストレスを喚起する要因となり，そのストレスがメンタルヘルスの低下に影響するのであれば，管理監督者（たとえば上司）は，労働者の人間関係を整備（環境整備）するとともに，ストレスの問題やメンタルヘルスの問題について熟知し，必要とされる支援リソース（たとえば，精神保健スタッフや産業医による相談や職場研修会など）を労働者に提供することも求められる。

　一方，人間関係の問題は他者からコントロールすることが難しい問題であり，人間関係の不全感に悩む当事者自身をケアする（たとえば，悩みを持つ本人

のストレスを低減する支援を行うことや，人間関係をはじめとした職場環境に対する認知様式を変容できるよう支援すること）ことも必要となり，ここでは，カウンセリング的なアプローチも奏功する。

2　セルフケアとラインケア

　労働者の心身をケアすることを目指した場合，職場では大きく分けて2つのケアを実現することが求められる。1つ目がセルフケア（労働者が自分自身をケアする），2つ目がラインケア（職場の管理監督者から部下にラインでケアする）である。

　セルフケアを実現する場合，まず，労働者の意識づけを行うことが肝要となる。意識づけとは，「心身の健康度を保つこと，そして高めることの重要性を周知し，心身の健康度を保つことへのモティベーションを高める」ことである。定期的に実施される健康診断などを通して身体の健康が害されている場合は早期の治療が実施され，また，身体の健康を高めるための行動も実践されやすい。一方，心理的な健康（メンタルヘルス）は，その不調な状態が重篤になるまで対処されないことも少なくなく，身体的健康の保持増進と比較して，日常的な生活の中で，メンタルヘルスを保持増進しようといった意識が低いことも多い。したがって，メンタルヘルスを保持増進し各種精神疾患の発現に対する意識づけを図り，労働者自身で日常的に心理的側面をケアすることの重要性を伝える必要がある。ここでは，ストレスや精神疾患の発現機序を伝え，心の問題が生じる"理由（メカニズム）"を理解できるよう情報伝達を行うことも欠かせない。

　情報を伝達することに加え，労働者が，自身のメンタルヘルスを保持増進させ得る具体的な方法を手に入れ，それを実生活で活用できるよう方向づけることも欠かせない。ここでは，職場研修の機会などを通して，具体的な"やり方（ストレス・マネジメント法など）"を伝えることも重要な意味を持つだろう（表5-1）。

　一方で，ラインケアを実現する場合，特に職場の管理監督者の理解を高め，

表5-1 セルフケアの手順（例）

準備と意識づけ	メンタルヘルスやストレスに関する情報提示（問題意識の啓発）	広報活動
問題の抽出	メンタルヘルスケアに対するニーズ，その職場の問題を抽出	調査
方法論の提示	具体的なケアの手段を提示，理解の促進	研修など
方法論の体験	具体的なケアの手段を疑似的に体験，利用できる状態へ	
日常への適用と評価	体験した手段を適宜，個人で利用，効果の評価	フォローアップ

（小島，2012）

労働者はそのリソースを活用することができるといった職場の風土をつくり上げることが必要不可欠である。

　心理的な問題は繊細な問題である。繊細であるからこそ，職場が心理的側面を支援するリソースを持っていたとしても，労働者が活用することをせず，または活用することをひた隠しにする（「職場で心理相談を受けると自分の評価がどうなるのだろう」といった不安などが原因となる）など，メンタルヘルス保持増進や予防に寄与するシステムが十分に機能しないこともある。したがって，ラインケアを実現する上で，管理監督者が率先して心理的支援を担うリソースを活用することの重要性を認識し，支援環境を整備することが求められる。そのためにも，管理監督者は，メンタルヘルスに係る知識を少なからず蓄積することが求められ，また，有効な支援を行う環境（たとえば，精神保健スタッフや産業医による相談や職場研修会など）を有効利用するための"やり方"を熟知することが欠かせない。加えて，部下を評価することも必要不可欠である。評価とは，部下の能力や業績評価ではなく，メンタルヘルスの状態を評価することであり，たとえば，職場環境で部下がどのようなストレスをどの程度感じているのかを，より適確に評価するといったことになる。

　ラインケアは，管理監督者が心理的メカニズムやストレス，精神疾患など心理的側面が関与する各種問題を十分に知り，部下の行動的・心理的特徴を観察し，いつもと異なるような"違い（部下の不調など）"に気づいた場合，それを評価するとともに適切な支援リソースを提供するといった一連の流れを指す。また，心理的問題が原因となり，部下が休職した場合などは，復職を支援する

こともラインケアの課題である。

■ ………………■ **ラインケアにおけるメンタルヘルスの評価** ■

　部下の"いつもとの違い"に気づくことは、労働者のメンタルヘルスを保持増進することや各種精神疾患の予防に奏功する（表5-2）。"いつもとの違い"に気づくためには、"いつもの様子"を知る必要がある。"いつもとの違い"や"いつもの様子"を知るためには、普段から部下に傾聴し観ることが必要不可欠である。したがって、管理監督者はカウンセリングマインドを持ち、時にカウンセリング的アプローチを用いることができるよう準備する必要がある。

　こうした日常的な管理監督者（上司）と労働者（部下）との関係は、職場のメンタルヘルスを向上させる上では重要な位置づけとなる。一方、傾聴し観察することとあわせて、評価尺度（ストレスチェックリストなど）を用い、現在の不調をチェックすることで、より有効な支援（職場の支援リソースを紹介し、早期に支援するなど）を実現できる可能性が広がる。

　現在、多様な評価尺度が開発されている。評価尺度は興味本位で実施されるべきものではなく、また、その結果を人事査定などに使用しないという前提が

表5-2　いつもとの違いを確認する

①元気がなく、口数が少ない様子。「自信がない」「自分はダメだ」という発言が多くなる。気分の落ち込みから元気がなく、それは他者からみてもわかるほどである。活力も感じられない
②落ち着きがなく、過活動、攻撃的と感じることもあり、周囲は戸惑うこともある。また、ふだん冗談を言わないような人が、突然冗談を言い、周囲が驚かされてしまうこともある。周囲からすると、お酒に酔っているようにみえることもある
③疑い深い、被害妄想的、孤立している様子がある。こうした様子は、性格的なものではなく、あるときからみとめられる変化である。人は病識（自分が病気であるという認識）をもちにくいこともあり、周囲はその本人の病的な状態に悩まされている様子が見受けられる
④不安な表情を浮かべ、落ち着かず、席に着いていることが苦痛に感じているように見受けられる。この不安な様子も性格的なものではなく、あるときからみとめられる変化である
⑤仕事中の居眠りやボーッとしていることが多くなり、話しかけても気づかずボーッとしていることが多い。夜、眠れないことから、昼間に眠気に襲われることがある

(山蔦、2012)

必要である。セルフチェックが可能なもの，産業保健スタッフなどから，フィードバックを行うことが望ましいものなどがあり，各組織で使いやすいものを選択し適用すると良い。また，実際に不調を訴える労働者が存在する場合，評価尺度を用い，その状態を評価し，必要であれば，産業保健スタッフや医療機関などにつなげる。ここでは，各種専門性を持つ者と管理監督者との連携が必要不可欠となる。

3　復職支援

　メンタルヘルスの不調を訴え，長期にわたり休職を余儀なくされた労働者が復職する際，管理監督者は適切な復職支援を行う必要がある。心理的な問題で休職を余儀なくされた場合，「自分自身の評価が下がるのではないか」「戻る場所がないのではないか」「リストラされてしまうのではないか」などといった不安を抱えることも少なくない。したがって，復職に際し，受け入れる側は，サポーティブな姿勢を保ち，不調が再現することのないよう，注意深く支援する必要がある。これは"特別扱い"ではなく，"人間的な配慮"である。

　仕事量などをはじめとした職場環境の調整は"特別"に行う必要があるが，「病気だから」といった意識を強く持つことなく，特に復職の初期段階では，通常の業務に戻る"準備運動"を支援することを心がける必要があるだろう。ここでもまたカウンセリングマインドが奏功する。

　2004年（2009年に改訂）に「心の健康問題により休業した労働者の職場復帰支援の手引き」が示され，ここでは，復職支援が以下の5ステップに分けられている。

　　①病気休業開始および休業中のケア
　　②主治医による職場復帰可能の判断
　　③職場復帰の可否の判断および職場復帰支援プランの作成
　　④最終的な職場復帰の決定
　　⑤職場復帰後のフォローアップ

　①では，休職中の労働者がゆっくりと安心して回復できるよう支援し，②で

は，労働者の職場復帰への意思表示と職場復帰可能の判断が記された診断書が職場へ提出される。また，産業医などにより精査が行われ，主治医へ情報が提供される。③では，労働者の職場復帰への意思や状態，主治医からの情報などから，職場復帰の可否が判断される。職場復帰が可能であると判断された場合，復帰までの支援プラン（復帰日や職場関係者の対応など）が決定される。④では，労働者の状態が最終確認され，就業上の配慮などに関する意見書が作成され，事業者（職場）が復帰を最終的に決定する。

①〜④を経て，労働者は職場へ復帰する。そして，⑤では，復帰後に問題が再燃していないか，新たな問題が生じていないかなどを評価するとともに，支援プランの評価が行われる。また，勤務状況や業務遂行能力の評価も行われ，場合によっては支援プランなどを新たに策定することも必要となる。

4　キャリア支援

　産業領域における心理的支援は，メンタルヘルスに係るものに限定はされず，キャリア支援などといった領域にまで及ぶ。

　平成13年に職業能力開発促進法が改正され，事業者（企業）が労働者に対して行う能力開発・キャリア支援などがまとめられている。ここでは，仕事に対する目標や職務内容などに関する情報提供（ガイダンス，キャリアコンサルテーション）を行い，労働者の職業生活設計に即した実務経験の機会を確保するとともに，キャリア・アップにつながる能力開発の機会や具体的な支援を提供することなどがまとめられている。

　メンタルヘルスの保持増進と各種問題の予防と職場環境の整備とあわせ，事業者には，労働者のキャリアを支援する役割を果たすことが求められている。

　職業生活を送る中，労働者のメンタルヘルスを保持増進し，各種心理的問題を予防することは急務となっている。企業の大きな目標は，生産性を高め業績を上げることである。そして，メンタルヘルスに対する支援を行うことは企業の目標ではないといった考え方が未だ残っていることも確かである。しかしな

がら，心身の健康を保つことで，企業の持つ目標（生産性を高め業績を上げる）を達成することも可能となる。そして，何よりも，労働者は自分自身の状態を良く知り，職場のリソースを知り，管理監督者は部下を知り環境（ストレスが喚起される原因など）を知ることが求められる。

2 産業における心理的支援
—— Employee Assistance Program

1 EAPとは

EAPとは，Employee Assistance Program（従業員支援プログラム）の略である。もともとは米国で始まった取り組みである。そもそも米国ではアルコール依存症[3]によって生産性が低下したことが問題となっていた。アルコール依存の患者が社会復帰できるよう援助することがEAPの目的だったが，それに加えて従業員と組織のメンタルヘルスを向上させ，会社の生産性を上げるという目的にまで広がった。今では米国では大多数の会社で用いられているプログラムである。

日本においては，2006年3月に厚労省により新たに「労働者の心の健康の保持増進のための指針」が公示されるなど，メンタルヘルスケアの取り組みが国としても重視されてきている。企業では，生産性向上やCSR[24]（企業の社会的責任），リスクマネジメントの観点からもメンタルヘルス対策が注目されてきており，何らかの施策を打っている企業は増えている。しかし，メンタルヘルス不全者が増加または横ばいとしている企業は多く，従業員支援の必要性はなお高いといえる（財団法人労務行政研究所，2010）。また，特に中小企業での対策実施率はまだ十分とはいえない状況であるし，メンタルヘルスケアを強化すべきと考えている企業も多い（独立行政法人労務政策研究・研修機構，2011）。これらの状況から，メンタルヘルスへの取り組みが広がることは，今後も予想される。

2　内部 EAP と外部 EAP

　EAP では，内部と外部という考え方がある。内部 EAP の場合，スタッフは企業の中の健康管理室や人事部などに所属するほか，企業内カウンセラーとして人事部や産業保健スタッフと密に連携をとりながら，カウンセリング業務やメンタルヘルス管理業務等を行う。

　一方，外部 EAP は，スタッフはその企業には属さず，社外の立場から企業のメンタルヘルス対策を担い実施するものである。実施元は EAP サービスを提供する会社や，医療機関，公的機関などであり，それらの機関は数多く存在する。

　外部に存在する機関の特徴として，相談行動および相談内容が会社に知られないという点がある。そのため，会社に知られることを望まない従業員にとっては，独立した外部機関は利用しやすい相談先といえる。

　先述の「労働者の心の健康の保持増進のための指針」では，「メンタルヘルスケアを行う上では，事業場が抱える問題や求めるサービスに応じて，メンタルヘルスケアに関し専門的な知識を有する各種の事業場外資源の支援を活用することが有効」としている。また，行政の動きにおいても，事業場外資源と連携を図りながら対策を進めていく必要性が示されている（厚労省, 2009）。これらのことから，外部 EAP の担う役割が期待されているといえる。ところが，EAP を導入している企業は多くなく，まだまだ EAP として企業をサポートする余地がある。

3　EAP のカラー

　EAP による支援の範囲は広きにわたり，EAP 提供機関によってもカラーが異なる。たとえば病気の治療～予防までに重点を置くものもあれば，組織改善に主眼を置くものなどもある。

　たとえば医療寄りのものであれば，スタッフは医師や看護師，保健師，心理士といった医療系の専門家を中心に，医療的な視点から従業員支援を行う。それに加え，法律や人事労務の専門家が加わる場合もあり，より重層的な支援が

行われている。一方，組織改善に主眼を置くものであれば，医療面に関わるだけでなく，組織心理的な面からのアプローチも積極的に行われる。組織の弱点や好事例を洗い出しソリューションを提案するほか，個別支援としてキャリアコンサルティング，コーチング⑱といった視点も重視される。携わるスタッフとしては，臨床心理士のほか産業カウンセラーやキャリアコンサルタントなども含まれ，スタッフの企業人経験が十分に活かし得る。

　このようにEAP提供機関によってカラーはあるものの，どのタイプのEAPでも組織の活性化を目指すことには変わりない。従業員に対してあらゆる面での相談と問題解決の支援のほか，キャリア発達的視点でのカウンセリング，健康心理学的アプローチ，心理教育と研修の実施といったように，幅広い視点から支援が行われる。

4　EAPの実際

■··■ EAPに求められる条件 ■

　EAPが関わる内容は多岐にわたる。主なものとして従業員とその家族へのカウンセリング，問題のアセスメントと他機関紹介のほか，人事や管理職へのコンサルテーション⑳，組織のストレスと健康度のチェック，研修といったものが挙げられる。また，休職・復職者の支援，危機介入，惨事ストレスマネジメントなどもEAPの役割に含まれる。

　なお，EAPA（国際EAP協会）は，EAPにおける「コアテクノロジー」として8項目を挙げている。

① 問題を抱える社員の管理，職場環境の向上，従業員のパフォーマンス改善に関して，組織のリーダー（管理監督者や組合員）へのコンサルテーション，トレーニングおよび援助を行うこと
② 従業員とその家族，組織に対してEAPサービスの利用を積極的に促進すること
③ 仕事のパフォーマンスに影響しうる問題を持つ従業員へ，秘密厳守で迅速な問

題発見／アセスメントを行うこと
④仕事のパフォーマンスに影響しうる問題に対して，従業員が取り組むために，建設的直面化，動機づけ，短期的介入を用いること
⑤診断，治療，援助のために，従業員を適した機関へリファーし，経過を見守りフォローアップすること
⑥治療等のサービス提供機関との効果的な関係構築，維持，および契約の管理の点で，組織を援助すること
⑦アルコール依存，薬物乱用，精神的・情緒的障害といった医学・行動面の問題に対して，従業員が手当てを受けられるよう，組織へコンサルテーションを行うこと
⑧組織および個人の仕事のパフォーマンスにおける，EAP サービスの効果を評価すること

■……………■ **具体的にどのようなことを行っているのか？** ■

　ここで，EAP における支援の内容を具体的にみていきたい。
　まず従業員およびその家族に対する個別のカウンセリングである。相談方法としては，メール，電話，対面が主なものとなる。対面カウンセリングや電話カウンセリングは，一定回数までは従業員の費用負担なしといったものや，無制限で相談ができるというものなど，契約により枠が決められている。その費用を企業が負担することによって，従業員が負担なく（より低額で）相談できるため，従業員にとっては相談へのハードルが低くなり，セルフケアをしやすくなる。一方会社にとっては，従業員のメンタルヘルス上の不調の予防・早期発見・早期対応により，疾病による損失をできるだけ抑えることができる。つまり，従業員にとっても企業側にとってもメリットとなるわけである。
　カウンセラーは，クライエント（従業員）の状態を評価し，場合に応じて外部機関へリファーすることがある。そのクライエントにとって，医療機関を含めどのような相談先が適しているかを適切に評価することが求められる。なお，アセスメントのツールとしては，ストレスチェックの類が挙げられるが，

EAP提供機関によって独自につくられた評価ツールもある。信頼性と妥当性が検証されたツールならば，統一された基準でクライエントを評価できる点で有用である。

次に，企業へのフィードバックとコンサルテーションである。EAPを導入した企業にとっては，その効果がどのようなものであるかを知ることは重要である。つまり，ある結果を期待してEAPを導入し，費用をかけて実行するわけなので，振り返ってその効果を確認し，改善につなげることが望まれる。そのためには，EAPによってどのような効果がどのぐらいあったのか，明らかにすることが必要である。その結果をもって，EAPとしてはどのように個人や組織に関わっていけばメンタルヘルス上の不調が予防できるか，より健康度と生産性を上げるにはどのようなアプローチができるか，といったことについて企業側へも助言・提案を行う。

その具体的なアプローチ方法として，既述のとおり個別のカウンセリングはひとつの柱となる。そのほかの主な施策として，集合研修が挙げられるだろう。研修を行う対象は，管理職から一般従業員までが含まれる。また人事担当者向けに教育的研修を行うこともあり得る。管理職には，疾病の予防・早期発見や，気になる部下への対応法といった内容（ラインケア）について学んでもらうことが多い。さらに，ハラスメントの知識やコミュニケーションスキル，ケーススタディなど，より具体的なものまでがテーマとして含まれる。一方，全従業員を対象とした研修も，ストレスとその対処法の学習，リラクセーション法，認知療法，モティベーション，キャリアといったさまざまなテーマが用意されており，企業のニーズを受けて内容を決定していくことになる。

EAP提供機関によって，提供されるサービス内容はさまざまであるが，これまで述べてきたものはおおよそ共通したサービスであろう。また，休職した従業員の復職支援や，惨事ストレスマネジメントなども標準的なサービスとして含まれることが多い。

■ ……………………………………… ■ **復職支援について** ■

(1) **支援の意義**　一般に，休職した従業員の復帰にあたっては，企業内産業保健スタッフや人事労務担当者，上司との連携が重要である。それに加えて，より専門的な助言が必要な場合は外部の支援機関を利用することも有効であり，このことは2009年の厚労省「心の健康問題により休業した労働者の職場復帰支援の手引」においても勧められている。

EAPにおいても復職支援は大きな柱のひとつである。もちろん休職に至る前に悪化を防ぐことが第一ではあるが，たとえ休職になったとしても，できるだけスムーズに復職させることは重要であろう。そうでなければ，休職期間が長引いたり，復職してもまた調子を崩して再休職してしまうことになりかねない。復職支援というのは，従業員にとって有用であるだけでなく，企業にとっても休職者の発生による損失を減らすことにつながる。

(2) **実際に行われる復職支援とは**　EAPサービスの内容や実施機関によって，本人や人事にどのぐらい深く関わるかが異なる。よって企業が求める支援内容を聞き，EAPがどのような支援を行うかをあらかじめ十分に決めておくことが必要である。

具体的には休職中，復職前，復職後，のフェーズに分けられるだろう。休職に入った時には，基本的に療養と治療に専念してもらうことが第一である。回復してきた頃から復職に向けた取り組みを考える時期となる。通院・服薬継続の確認と，生活リズムの維持を後押しすることも，EAPによる支援の範囲となり得る。復職直前には，復職に対して本人に十分な準備ができていることが肝心であるが，この取り組みが，復職がうまくいくかどうかを左右するといっても良い。そのためにEAPの支援者としては，本人の復職への意識の高さを確認するほか，休職に至った要因の振り返りや，復職後のストレス対処法の確認・修得といったところをサポートすることになる。

(3) **復職判定の重要性**　休職中の従業員の中には，十分に回復していなくても焦りや不安から復職を希望する場合がある。つまり仕事をすることに前向

きな気持ちが持てないまま復職を希望するケースである。本人にとっては職場から長い間離れることや，収入が減ることの不安などから早く復職したいわけだが，体調や精神状態をみると時期尚早といわざるを得ない。実はこういった状態でも，主治医は本人の希望を重視して復職許可を出す場合がある。ところが，このように復職への準備性が不十分な場合，再度調子を崩して休職になってしまう可能性が高くなる。したがって会社側（産業医）は，本人が本当に復職できるまでに回復しているかどうか，判定を慎重に行う必要がある。実際，復職にあたって産業医の復職面談を行うというルールを作る企業も多い。

この段階でEAPが関わるとすれば，EAPの支援者は人事や上司，産業医（場合により主治医）と連絡を取り合いながらの支援となる。EAPの支援者が本人と面談をする場合，その結果は産業医や人事と共有され（あらかじめ本人とは同意の上），最終的に企業が復職判定を行うことになる。

なお，復職支援にあたってはEAPだけでなく，社外専門機関や医療機関等で行われる復職支援プログラムも存在し，人事や産業医が本人にその利用を勧めるケースも多い（これらの機関やプログラムは一般にリワークと呼ばれる）。

5　EAPにおける留意点

■ ……………………………………………… ■ 守秘義務について ■

EAP活動を行う上で気をつけるべき点が，プライバシーへの配慮である。従業員から受けた相談内容については，決して会社に漏れてはいけない。万が一プライバシーが守られなければ，従業員のEAPへの信頼は落ち，相談へ抵抗を感じてしまうだけでなく，会社に対しても不信感を持ってしまうことになる。EAP提供機関としての守秘義務は必ず守られる必要がある。ただし例外もある。自傷他害の恐れや，反社会的な行動をとることが明らかにされた場合などである。この時EAP提供機関は状況に応じて人事や産業保健スタッフなどと連携をとることがある。この判断は慎重にする必要があり，従業員の安全を守ることや，企業側の損失を最小限に食い止めることの視点も必要となる。

■ アセスメントの重要性 ■

　従業員との個別カウンセリングを行う場合，基本的には短期・問題解決的であることが多い。EAP提供機関でもいろいろなカウンセリング方法を用いることは可能だが，クライエントにとって意味のある援助をするためには，より適していると思われる機関に紹介し，つなぐことも大変重要である。したがって，クライエントの援助が始まった時，そのクライエントの状態をアセスメントし，どのようなところでの支援が最適であるかを見極めることも，EAPの支援者に求められるスキルである。

　なお，カウンセリングやコンサルテーションの手法として，メール相談を用いることもある。その手法の特殊性から，いかにクライエントを見立て，関係を作って対応をしていくかは，多くの知見や経験の蓄積が必要となる。メール相談の実際やスキルについては研究報告もなされているが，より多くの知見の蓄積が必要であろう。

■ キャリアカウンセリング的視点も―何が本人にとって幸せか？ ■

　産業場面では，キャリアカウンセリング⑪，コーチングといった言葉もよく聞かれる。カウンセリングの種類についての考え方はさまざまあるので一概にはいえないが，カウンセリングは基本的には個人が課題に対して自分で解決するためにスキルや考え方を身につける，その援助をするものといえる。組織内でのカウンセリングといえば，個人が組織へ適応し，仕事の成果を向上させることも大きな目的となる。ただし，目標は必ずしもその特定の組織に適応することを目指すだけではない。従業員がたとえ辞職や転職をすることになったとしても，それが本人の振り返りの結果であり，本人が見出した新たな解決方法と思える場合は，その道を選ぶことも否定しない。つまりEAPは「組織人としての従業員」を支援するわけだが，所属組織への適応を目指すだけでなく，転職も含めて本人のキャリア上何が幸せかといった視点も必要となる。

■ ……………………………… ■ 支援する対象を意識すること ■

　支援対象は従業員個人だけでなく，その家族，上司，同僚，人事，そして組織全体にまで及ぶという視点を常に持っておくことが必要である。

　たとえばある従業員が精神的に不調になってしまったとする。不調に陥った本人に直接会って面談を行い，本人が医療機関を受診していない場合は，必要に応じて受診を勧めることになる。また，不調によって仕事にも支障が出てくる場合もあるし，逆に仕事負荷が高くて不調が起こってくることもあり得るだろう。このように，不調と業務負荷とが関わってくる場合は，職場（上司）としての対応や環境調整も必要となる。上司側も部下への対応に困っていることも多い。そこで，上司（場合により人事）とも面談を行い，上司を通して部下像をヒアリングするわけである。上司・部下それぞれから得た情報を複合させ，客観的に状況を把握した上で，上司へ対応法や環境調整の助言をすることになる。その際，守秘は常に留意すべきであるため，部下から話された内容は，本人の同意を得た場合のみ上司と共有されることを忘れてはいけない。

　ある従業員の業務遂行に支障が出てくる場合，職場として非効率になったり負荷が偏ったりすることがある。たとえそうなったとしても，こういった上司らへの支援を行うことで，職場全体としての業務遂行を円滑にさせることにつながるだろう。

　なお，このような個別事例への対応だけでなく，EAP の支援者は組織全体の改善に向けてコンサルテーションを行うこともあるため，企業側の担当者と定期的に連絡をとったり，相手先を訪問したりすることも必要となる（EAP の支援者の間では，個別カウンセリングと，人事へのコンサルテーションとで役割分担をすることもある）。

6 EAPにおける課題

■……………………………■ EAPによる効果を検証すること ■

　EAPを利用することによってどの程度の効果があったかを検証することは，コストをかけている企業側にとって大切な点である。企業としては，従業員の福利厚生だけでなく，組織の生産性向上やリスクマネジメント，CSRの観点からもEAPを導入しているので，その目的を果たしているかどうかをチェックし，効果的なアクションにつなげなければいけない。

　EAPの効果は，たとえば以下に挙げるような，いくつかの指標で測られる。

○従業員のストレスがどの程度低下したか
○欠勤・休職する人がどのぐらい減ったか
○欠勤・休職する期間が短くなったか
○復職して再休職する人が減ったか
○その他健康度を表す指標の変化や，医療費の低下等がみられたか
○相談窓口がどのぐらい利用されたか
○EAPへの満足度はどのぐらいか

　EAP提供側と企業は定期的にこれらの指標を確認し，共有することで，以降のメンタルヘルスの取り組み施策を立てることが可能となる。

　これらの評価はEAP提供機関にとっても重要な意味がある。支払われている金額に見合ったサービスを提供し，より効果的な援助を考察する姿勢は常に問われるからである。EAPの効果検証は今後まだ検討していく余地があるだろう。

7　おわりに―効果的な支援を考える

　以上に述べてきたように，EAPでは個人の臨床心理学的援助をしつつ，組織の健康維持・活性化を目指すことが役割である。よって支援者としてはそのバランス感覚を持つことが望まれ，そのための教育の機会も必要であろう。

また，守秘については常に気に留めておく必要があり，支援者の倫理意識とその知識は重要といえる。ただし情報を秘匿することで企業側に重大な損失が生じる場合は，その限りではなく，危機や例外対応の判断も求められる。あらゆる臨床場面と同じく，産業場面で起こり得ることはあまりにも多様であり，そのつど適切な対応が何かを判断していくことになる。どのような場面においても，より効果的で適切な支援を行えるように，研修やケースカンファレンス[10]を通して，同じ領域で働く専門家同士が情報交換し，研鑽をつみ，支援の質を向上させていくことは必須であろう。

3 教育的支援と社員研修

1 教育的支援とは何か？

■……………■ 注目を集める「教育的支援が充実している」企業 ■

近年，産業の現場では「人が育つ企業」，「ダイバーシティを大事にする企業」，「働きやすい企業」，「人にやさしい企業」，そして「働きがいのある企業」に注目が集まる傾向があり，同様に新聞，テレビなどのメディアでもかなりの頻度で特集が組まれていることは周知の事実である。

これらの企業を表すキーワードに共通する概念は，「社員のキャリア発達をいかにして支援するか」ということである。ここでは，「キャリア発達支援」と「教育的支援」との関係について説明する前に，まず「キャリア」を取り巻く概念について整理していくこととする。

■……■ キャリア発達支援は人生の節目を乗り越えるための支援 ■

「キャリア」という言葉は，「個人が生涯を通して持つ一連の職業（職業経歴）だけでなく，仕事と余暇を含んだ個人の生涯にわたるライフスタイル（生き方）」と定義されるが（渡辺，1990），そのキャリア（の有り様）が人間としての成長・成熟に伴って変化を遂げていく概念のことを，"career development"[12]

表5-3　キャリア発達段階と発達課題

発達段階	トランジション	発達課題（◆仕事上のキーワード）	ライフイベント
探索・模索	□20歳前後の社会に出る前後のトランジション ・仕事の世界へのエントリー ・リアリティショック	□職業，組織に入る時期 ・実際に就職活動を行い，職場のメンバーとなる。組織での自分の位置を見つけるようになる時期 ・仕事の現実に直面し，幻滅感や焦燥感，動揺を覚えることもある。徐々に職場メンバーとして認められ，仕事も覚えることで適応するようになる。 ・組織と個人の相互受容を築き上げる段階 ・この時期の課題をうまく解決しないと自信を喪失し，社会生活適応に対する無力感が残る。 ◆習う，慣れる，覚える	・進路選択 ・就職 ・配属
試行		□試行から確立に向かう時期 ・キャリアの初期。自分の能力や適性について，現実の仕事との関わりの中で試行錯誤を繰り返す。 ・徐々に責任ある仕事を引き受けるようになり，主体性を発揮することを求められる。 ・横並びから差がつき始める時期 ・自分自身をより成長させてくれる良い環境を期待し，求めるようになる。 ・迷いと停滞感を感じる時期 ・この時期の課題をうまく解決しないと他者依存志向が強まり，自己責任性が低いままとなる。 ◆意志を持つ，考える，自分で手を打つ	
確立	□30歳前後のトランジション ・ライフロール（家庭や社会での役割）の変化 ・組織内でのプロフェッショナル領域の確立	□キャリアの方向性の選択，専門性の確立の時期 ・自分の職業専門性を深め，高める時期 ・スペシャリスト，または，ジェネラリストとして進む方向性を決めることや，組織内外での市場価値やキャリアを意識しはじめる段階 ・これまで以上に自分の能力や適性を活かすことに関心を持ち，能力開発に役立つ職場環境を求め，異動，転職することもある。 ・ワークライフバランスを意識する時期 ・この時期の課題をうまく解決しないと長くとどまることになる。 ◆無理な仕事も引き受ける，能力をストレッチ，周囲に影響力を発揮する，他者のモデルとなる，見本として直接的に指導助言する	・結婚 ・子供の誕生 ・住宅購入 ・生活基盤確立 ・子供の進学 ・厄年（男性）
維持・探索・模索	□40歳前後のトランジション	□現状の延長で自己を磨いてゆくか，あらためて自覚されはじめた思いで，自己変革に着手するかどうか選択する。 □他者との比較でなく「真の自己」を生きていく（抑えていた真の欲求と現実を高いレベルで統合する）。 □体力や環境の変化により，仕事の生活全体における意味やバランスを再定義する。	・夫婦関係変化 ・子供の反抗期 ・子供の大学入学 ・親の死

(渡辺・平田 2006, p. 111より作成)

という英語の和訳で，ここでは「キャリア発達」と呼ぶ。更に，個人のキャリア発達を彼らの所属する企業がさまざまな形で支援することを「キャリア発達支援」または「キャリア支援」とも呼んでいる。

　そして，レヴィンソン（1978）やエリクソン＆エリクソン（1979）に代表される生涯発達心理学の領域においては，キャリア発達の過程の中で年代ごとに「キャリア発達段階」が定義されており，それぞれの発達段階に応じて個人が乗り越えていかなければならない固有の課題が存在することも言及されている。この課題が「キャリア発達課題」である。表5-3は，渡辺・平田（2006）がキャリア発達段階と課題について視覚化したものである。

　一連の発達段階を取り巻く形で，人は次々とライフイベント（人生における出来事）に遭遇しながら，組織の中での役割も変貌を遂げていく。そんな状況を一般化した表が表5-3である。表中にある「トランジション」とは，ある発達段階から次の段階に移行している状況のことをいい，これは「人生の節目」とも呼ばれている。

　トランジションの中にある人々は，自己のアイデンティティの変容と彼らを取り巻く環境の変化が折り重なるという一種の混乱・停滞状態にいて，この状態を脱する（つまり，課題を乗り越えていく）ためには，相当の困難に立ち向かわなければならないことになり，所属している組織からの支援を必要とする場合が多い。

■　…■　教育的支援とは人材育成，つまり組織内でのキャリア支援そのもの　■

　教育的支援という言葉は，一般的には「人材育成」という言葉に言い換えられるが，人材育成とは元来，人的資源管理（human resource management）の領域において使われている用語である。これは，狭義には社員のスキル・知識を強化することを指すが，より広義には個人の態度や行動の変容までを含み，またスキルについてもいわゆるエンプロイヤビリティ[7]（employability）までも対象とする場合，それは，個人が企業組織の中に所属し続ける限りにおいて，彼らがしばしば直面するキャリア発達課題を主体的に乗り越えることを支援す

ることも含まれる。

■··················■ キャリア支援プログラムは実に多種多様 ■

　これらの取り組みは広く「キャリア支援プログラム」と呼ばれているが，一方でこれを人材育成という角度からみてしまうと，多くの人々がいわゆる「社員研修」をイメージしてしまう。しかし，実はそれはほんの一部である。

　企業組織における実際の取り組みを俯瞰すると，表5-4で整理したとおり，キャリア支援プログラムは実にさまざまな形態として実践されていることがわかる。それは「キャリア」という言葉のついたプログラムだけでなく，狭義の人材育成（スキル・知識研修）や広く人事諸制度の展開までを含んでいる。

　また表5-4の①にも記載したように，キャリア発達の機会を提供する支援という意味では社員が最も時間を費やす「現場での仕事」がある。これは組織が意図的に導入した取り組みというよりは，組織における日常的な営みそのものであり，キャリア支援プログラムに含めるべきかどうかは議論のあるところであろう。

表5-4　キャリア支援プログラムの例

No.	項目（分類）	プログラム例（呼称）
①	現場での仕事経験からの学びを促進するプログラム	OJT（On the Job Training）
②	組織内の人間関係を活用したプログラム	メンター制度，チューター制度，ブラザー・シスター制度，エルダー制度，職場先輩制度，育成上司制度，徒弟制度，ピアサポーター制度
③	キャリアの専門家が支援するプログラム	キャリアデザイン研修，キャリア相談
④	発達課題を乗り越えることを目的とするスキル研修	新入社員研修，階層別研修，リーダーシップ研修，コーポレートユニバーシティ（企業内大学）
⑤	キャリアの多様性（組織内の流動性）を高める施策	社内公募（ジョブポスティング，ジョブチャレンジ，社内FA），企業内インターンシップ，社内ベンチャー，企業家育成プログラム，複線型キャリアパス（専門職制度）
⑥	発達課題を乗り越えることを支援する人事諸制度の新展開	フレキシブルワーク導入，育児支援制度・介護支援制度の充実，評価制度改革（コンピテンシーモデル・目標管理制度），処遇制度変革

金井（2008）によれば，アメリカでは「7-2-1」の経験則をどこでも耳にするという。この「7-2-1」という比率は，リーダーシップの研修・研究機関であるロミンガー社の調査によるもので，実際に経営幹部として優れたリーダーシップを発揮できるようになった人々にそこに至るまでどのような具体的出来事が有益であったかを尋ねると，仕事上の経験が7割，実際にリーダーシップを発揮している人（上司や顧客，取引先の経営者）を通じての薫陶が2割，研修や読書などの座学が占めるウェートはせいぜい1割程度であったというところからきている。筆者が携わる産業の現場における実感値としては，これはアメリカだけの話ではなく，また比率そのものが重要なわけでもないと思う。またリーダーシップに限らず，人が成長してきたと感じる瞬間は，社員研修という出来事よりも圧倒的に仕事の現場での経験や薫陶を受ける人々とのやりとりであることが多いのである。

以上の理由により，ここでは「現場での仕事からの学び」にも積極的な意味を見出して「OJT（On the Job Training）」という総称で呼び，さらに現場での仕事を通じてキャリア発達を「より」促進するための取り組み（⑤・⑥）も合わせて，「キャリア支援プログラム」に加えて議論を進める。

キャリア支援プログラムは，人の成長や発達を支援するための取り組みであり，次の3つの視点から整理して，以後解説を進めていこう。

(1)職場での経験を活かす支援（表5-4では①⑤⑥に相当）
(2)周囲の人間関係や専門家を活用した支援（表5-4では②③に相当）
(3)社員研修を通じた支援（表5-4では④に相当）

2　職場での経験を活かす教育的支援

■……………………■ OJT は経験学習を支援するプロセス ■

OJT は実際の仕事現場で経験を素材にした教育的支援であるだけに，形式知化（知識としての見える化）しにくく，状況依存的な習熟を要する事柄（知識・スキル・姿勢など）の学習に適している。この学習を経験に基づく継続的

なプロセスであるととらえたのがコルブである。

コルブ (1984) は，働く人々が，職場での経験を意味づけしていくことを通じて知識を創出していくという学習プロセスを4つのステップからなる「経験学習モデル」として提示している。

(1) 仕事の現場から具体的な経験をするステップ（Concrete experience）
(2) 経験した内容の振り返りを通じて自分と向き合うステップ（Reflective observation）
(3) 振り返りから得られた法則・教訓を抽象的な概念・知識に変換するステップ（Abstract conceptualization）
(4) 変換された概念・知識を新たな状況に積極的に適用（応用）するステップ（Active experimentation）

職場での経験学習は，以上の4ステップが図5-2のように絶え間なく連続していくプロセスであり，このプロセスを組織的に支援していくことが，いわゆるOJTの本質である。

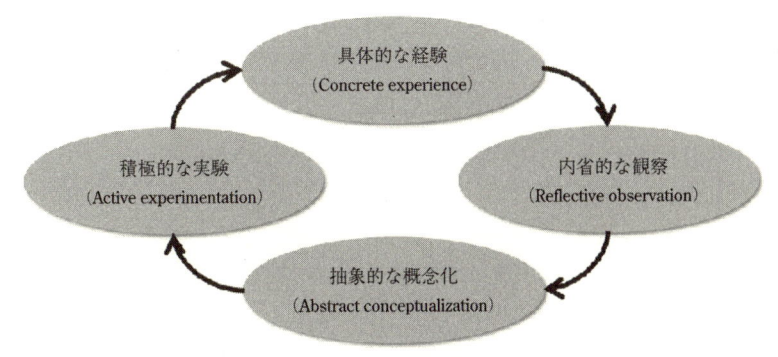

図5-2　コルブの経験学習モデル

(松尾, 2006, p. 63, より作成)

この意味において，仕事の現場における上司（マネジャー）は指揮命令系統の観点から具体的な支援を提供する重要な存在である。その具体的な役割としては，たとえば次のような事柄が挙げられる。

(1)目標の設定
(2)日常的な仕事のプロセス・成果に対する指導やアドバイス
(3)定期的な面談(仕事の進捗確認を含む)
(4)意図的な仕事のアサインメント(割当て)
(5)期末の評価(組織によって方法は異なるが半期に一度が多い)

これら一連の役割遂行は，支援対象者の組織内での役割を遂行するのに必要なスキル，知識，姿勢や役割ステージに求められるミッションと期待行動を体系化したコンピテンシーモデルなどを参考に進められる。

■……■ キャリアの多様性(組織内の流動性)を高める施策 ■

日常的な職場での経験を活かす支援は，社員が特定の職場(部署)内に在籍している期間における支援であるが，より長期的な視点からは社員が多様な仕事の機会(経験)を得られるような取り組みを実施している企業もある。

取り組みの代表例としては，ジョブポスティング，ジョブチャレンジ，社内FA(フリーエージェント)と呼ばれる新しい役割を担う人材を社内で募集・選出していく「社内公募制度」，社員に対して新規事業のアイデアを募集・審査し，自分の組織内や所属組織の支援を受けた新組織で事業化していく試みである「社内ベンチャー制度」，特定の専門領域を究めていきたいというキャリア志向を持つ社員がそれに専念できるように組織的にも処遇していく複線型キャリアパス(専門職制度)などがある。

■…■ 発達課題を乗り越えることを支援する人事諸制度の新展開 ■

最近は，社員が遭遇していくさまざまなライフイベントから生ずるキャリア発達課題を乗り越えることを組織的に支援していく取り組みも増えてきている。

取り組みの代表例としては，ワーク・ライフバランスの観点から家族との生活に重点を置きたい(または置かざるを得ない)局面に遭遇した社員に対して，短時間勤務や在宅勤務などの柔軟な勤務形態で組織に貢献してもらうフレキシブルワーク・アレンジメントや，いわゆる育児・介護休業法の枠組みに独自の

就業規則を付加して，仕事と家庭の両立支援を手厚く行っている企業もある。制度適用により，たとえ働く時間が短くなったとしても正社員としての身分は保証されるため，長期的な観点からは，育児・介護に手がかからなくなった後（つまり，課題を乗り越えた後）を見据えたキャリアプランを描くことを可能にするものである。

3　周囲の人間関係や専門家を活用した教育的支援

前述した「7-2-1」の経験則では，「実際にリーダーシップを発揮している人（上司や顧客，取引先の経営者）を通じての薫陶」に相当するところであるが，薫陶を受ける場が実際の仕事の現場でかつ上司からとなると，それは「職場での経験を活かす支援」と同義であろうし，たとえば企業主催で実施したキャリアデザイン研修においてキャリアカウンセラーから示唆を受けたとすると，それは後述の「社員研修を通じた支援」に含まれるといえる。そういう意味で，この領域の支援は他の2領域をつなぐ位置づけにあるといってよいであろう。したがって，ここでは「上司ではない周囲の人々からの支援」と「周囲にいる専門家からの支援」の2つを取り上げることにする。

■……■ 周囲の人間関係を活用した支援の代表例—メンター制度 ■

最近では，周囲の人間関係を活用した支援プログラムとしてメンター制度の類を導入している企業も多く，たとえば住友スリーエム（塩田，2008），サッポロビール（村田，2008），松下電工（現パナソニック）・楽天・コダック（労務行政研究所編集部，2006）の各社をはじめとした事例がたびたびメディアをにぎわしている。さらに2009年，日本生産性本部が中心となって「ワーキングウーマン・パワーアップ会議」が発足し，「メンター・アワード」という表彰プログラムがスタートした。これまで，表彰された企業・団体として，P＆G，神戸大学，住友スリーエム，NTTソフトウェア（2009年度），富国生命保険，キリンホールディングス，日本ハム（2010年度），全日本空輸，オークローンマーケティング，上智大学（2011年度），第一生命保険，髙島屋，名古屋大学

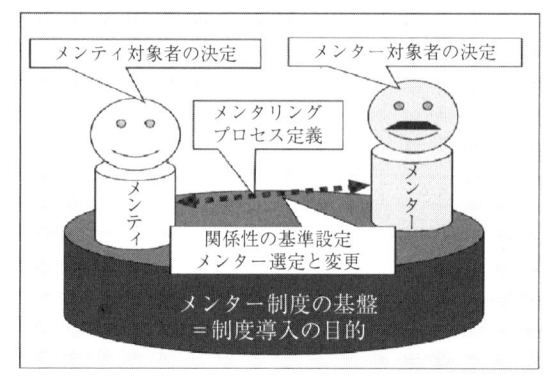

図5-3 メンター制度設計の要素

(2012年度)が選ばれており(ワーキングウーマン・パワーアップ会議, 2012),以上の結果からも,この種のプログラムが学校教育を含むさまざまな業界において普及し,認知度も加速しているようだ。

メンター制度の中で行われるメンタリングは,ギリシア神話『オデュッセイア』に登場するメントル(Mentor)という人物に由来し,そこから転じて「メンターである先輩と後輩(メンティ)との間の直接的な人間関係の中で繰り広げられる自発的なキャリア支援プロセス」ということができる。そのプロセスのメリットを企業が享受し特定層の特定ニーズを満たすべく意図して導入した制度をここではメンター制度と呼んでいる。

図5-3は,制度の設計において最低限検討すべき要素を示している。プログラムとしての特長は,導入する企業が第1に制度の仕立てを原則自由に設計すること,第2に既存の人的資源・人間関係を活用できるということ,そして第3に大きな人事制度上の変更にはあたらないので手軽に導入できるということが挙げられるが,常に制度自体が形骸化していくというリスクを抱えている。このような形骸化のリスクを乗り越えるための課題は,いかにしてメンターになる先輩社員が後輩社員(メンティ)へのメンタリングを通じて成長を実感することができるか,組織としてメンタリングというプロセスを社内でコミュニティ化して組織文化の中に根づかせていくことができるかといったことに

どう取り組めるかということであろう。

■…………………■ 専門家を活用した支援—キャリア相談 ■

　企業内でキャリア支援に関する専門家を育成・配置し，社員のキャリアに関する相談対応をしている企業も規模によってばらつきがあるが，おおむね1割以上は見受けられる（宮地，2005，産労総合研究所，2007）。

　いろいろな枠組み・形態があり，たとえばキャリア支援室のような専門部署を設け，キャリアコンサルタント資格などを取得した社内人材が社員の相談対応している形態もあれば，以前からメンタルヘルスマネジメントの一環で設けていた相談室が発展して，支援人材を拡充しながらキャリアに関する相談対応をしている形態もある。この種の形態の特長は人事部や直属の上司とは異なる立場での支援であり，利用の促進を図るためにも，守秘義務の遵守，中立性の確保，人事権の非行使などのルールで運用されている。

4　社員研修を通じた支援

■…………■ 社員研修（OffJT）も経験学習を支援するプロセス ■

　産業の現場では，全体的な労働時間からみると，新卒新入社員が入社後に受講する新入社員研修を除いては，それほど多くの時間を社員研修に割いているわけではない。前述の「7-2-1」の経験則でもわかるように，キャリア支援の主体は経験学習と周囲の人々からの薫陶である。

　しかしながら，研修という機会が社員のキャリア支援に相当のインパクトを与えることも事実である。そのためのカギは，企業が該当する社員に対して適切な内容を適切なタイミングで実施し，それを職場での経験学習や人間関係に接続できるかということである。なぜならば社員研修は集合研修，eラーニングなど，どの形態の研修を受けようとも程度の差こそあれ，社員は日常の仕事現場から「非日常」の世界に身を置くことになる。その非日常が日常の職場での行動に対する気づきやさまざまな角度から新たな学習のきっかけを提供する

からである。この状態が理想的な社員研修の本質なのである。

企業における研修は，組織内における階層別に研修メニューを用意し，座学形式の集合研修で提供しているという事例も依然として多い。一方で，研修をいかにして職場での経験学習や人間関係に接続できるかという視点を持つ企業においては，組織内の役割ステージの移行を前提に，コンピテンシーモデルなどの人材モデルとの連携を図った研修メニューの提供に移行してきている。

■……………■ 学習目的に応じて使い分けられる研修の実施形態 ■

特にスキルや知識を習得するための研修については，機会提供の効率性・経済性の観点から，集合研修だけに頼るのではなく，これに ICT（Information Communication Technology）を活用した e ラーニングを織り交ぜた形のブレンディッド・ラーニングの形態をとる企業も増えてきている。

一方で，姿勢や役割ステージに関する気づきを得るための研修については，たとえばキャリアの節目といえる時期に，社内外の専門家を活用して，集合研修の形態，とりわけグループワークを多用したワークショップ形式によりこれまでの経験を振り返りこれからの働き方やアクションプランを考えるといった「キャリアデザイン研修」や，一定期間の中で少人数のグループ討議を活用して現実に職場・組織で起きている問題や課題を素材に問題解決のアクションを試み，それを振り返ることを通じて学習していくというアクションラーニング形式による「リーダーシップ研修」などが最近は注目されている。これらは特定の年代や役割において固有に生じるキャリア発達課題を乗り越えることを支援する研修の典型例ととらえることができる。

■……………………■ 若手育成のための研修─最近の動向 ■

業種，企業によって異なるが，若手の育成については，元来日本ではおおむね1ヵ月から6ヵ月という長い時間をかけて，入社時の新入社員研修を実施してきた企業が多かった。それはこのタイミングが，若手社員にとって，これまでの人生において未曾有のトランジションを経験する時期であり，産業社会の

中で生きていくスキルや知識を学ぶだけでなく，学生から職業人への意識の転換を図らねばならない時期であったからである．

とはいえ，近年における企業を取り巻く環境変化，とりわけグローバル化，ICT の発達，採用活動の早期化や若手の意識変容などを鑑みて，入社前に e ラーニングや SNS などのソーシャルメディアを活用した内定者研修を実施する企業も出現し，いわゆる新入社員研修には 1 週間程度の時間しか割かない企業も増えてきている．

また，従来型の数ヵ月間にわたる新入社員研修のテーマも変貌を遂げている．2011年度の日経産業新聞の連載記事「インタビュー我が社の人材戦略」と「いまどき若手教育」をレビューすると，次のようないくつかのキーワードが浮かび上がってくる．

(1) グローバル化を見据えた海外（特に新興国）での現場体験
(2) 実体験・疑似体験を通じたコミュニケーション・段取り・チーム形成スキルの強化
(3) 先輩社員との協同学習

これらのキーワードからみえてくることは，「いかにして社員研修が経験学習を支援するプロセスになり得るか」ということについて，多くの企業が試行錯誤し，努力している結果であるともいえよう．

■引用・参考文献

EAPA Standards and Professional Guidelines for Employee Assistance Programs 2010 Employee Assistance Professionals Association（EAPA）

Employee Assistance Professionals Association（EAPA）1997（K.Ichikawa 1998 EAPA/日本語版 エンプロイー・アシスタンス・プログラムの基準およびプロフェッショナル・ガイドライン）

Erikson, E. H. & Erikson, J. M. 1979 *The Life Cycle Completed : A Review*. Expanded Edition, NY.: Norton.（村瀬孝雄・近藤邦夫訳 2001 ライフサイクル，その完結 みすず書房）

金井壽宏 2008 リーダー育成の連鎖（経済教室）日本経済新聞 2008年9月17日号

川上憲人・堤明純監修 2007 職場におけるメンタルヘルスのスペシャリスト BOOK

培風館

Kolb, D. A. 1984 *Experiential Learning: Experience as the Source of Learning and Development*. New Jersey: Prentice-Hall.

厚生労働省 2006 労働者の心の健康の保持増進のための指針

厚生労働省 2008 労働者健康状況調査の概況

厚生労働省 2009 当面のメンタルヘルス対策の具体的推進について

厚生労働省 2009 心の健康問題により休業した労働者の職場復帰支援の手引(改定)

厚生労働省安全衛生部労働衛生課監 2002 厚生労働省指針に対応したメンタルヘルスケアの基礎 中央労働災害防止協会

Levinson, D. J. 1978 *The Seasons of Man's Life*. NY.: Konpf.(南博訳 1992 ライフサイクルの心理学(上) 講談社学術文庫)

松尾睦 2006 経験からの学習―プロフェッショナルへの成長プロセス 同文舘出版

宮地夕紀子 2005 企業内キャリア・カウンセリング実態調査報告書 CRL REPORT No. 3

村田真 2008 新入社員配属後のOJTバックアップ制度 BUSINESS RESEARCH 第1005号 社団法人企業研究会

財団法人日本生産性本部メンタル・ヘルス研究所 2010 「メンタルヘルスの取り組み」に関する企業アンケート調査

大阪商工会議所編 2009 メンタルヘルス・マネジメント検定試験公式テキストⅡ種ラインケアコース 第2版 中央経済社

財団法人労務行政研究所 2010 企業におけるメンタルヘルスの実態と対策

労務行政研究所編集部 2006 若手社員の育成促すメンター制度の最新事情―定着と戦力化を目指す4社の事例 労政時報 第3691号 労務行政研究所

独立行政法人労務政策研究・研修機構 2011 「職場におけるメンタルヘルスケア対策に関する調査」結果

産労総合研究所 2007 ホワイトカラーのキャリア開発支援に関する調査

塩田晃 2008 住友スリーエムにおける新入社員育成のためのメンター制度 BUSINESS RESEARCH 第1005号 社団法人企業研究会

杉渓一言・中澤次郎・松原達哉・楡木満生編著 2011 産業カウンセリング入門(改訂版) 日本文化科学社

職場における心の健康対策班 2004 こころのリスクマネジメント〈管理監督者向け〉―部下のうつ病と自殺を防ぐために― 中央労働災害防止協会

渡辺三枝子 1990 キャリア 国分康孝編 カウンセリング辞典 誠信書房

渡辺三枝子編著 2005 オーガニゼーショナルカウンセリング序説―組織と個人のためのカウンセラーをめざして ナカニシヤ出版

渡辺三枝子・平田史昭　2006　メンタリング入門　日経文庫
ワーキングウーマン・パワーアップ会議　2012　メンター・アワード2012　〈http://www.powerup-w.jp/mentor/index.php〉（2012年2月15日）
山蔦圭輔　2012　職場のメンタルヘルス—こころの健康を支える臨床心理学　学研メディカル秀潤社

> コラム3

ストレスの心理学的モデル

　ストレスは，カナダの内分泌学者セリエ（Selye, H., 1907-82）を中心にはじめて検討されたものであり，セリエはストレスを「外界のあらゆる要求によってもたらされる身体の非特異的反応」（汎適応症候群）と定義づけ，ストレス学説を提唱した。また，この時期，ホームズとレイ（Holmes, T. H. & Rahe, R. H., 1967）は，生活上の重大な出来事を stressful life event とし，それらの出来事の重大さを得点化し，社会的再適応評定尺度（social readjustment rating scale）を作成した。

　こうした中，ラザラスとフォルクマン（Lazarus, R. S. & Folkman, S., 1984）による心理学的ストレス理論（下図）は臨床心理学領域におけるストレス研究にも大きな知見を残している。この理論の特徴は，環境からの要求に対する認知的評価（1次的評価・2次的評価）やコーピング（対処）などといった個人的変数を扱ったことにある。

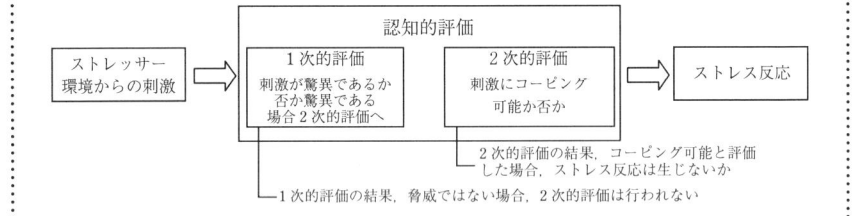

```
                          認知的評価
                ┌─────────────────────────────┐
                │ 1次的評価        2次的評価    │
 ストレッサー   │ 刺激が驚異であるか 刺激にコーピング │   ストレス反応
 環境からの刺激 → │ 否か驚異である   可能か否か    │ →
                │ 場合2次的評価へ              │
                └─────────────────────────────┘
                                    └─ 2次的評価の結果，コーピング可能と評価
                                       した場合，ストレス反応は生じないか
                       └─ 1次的評価の結果，脅威ではない場合，2次的評価は行われない
```

ストレスコーピング

　たとえば，AさんとBさんが同様の刺激を受け取ったとしても"その受け取り方（1次的評価・2次的評価）"によってストレスが生じるか否かが決まるといったものであり，ストレスやストレス関連疾患の成り立ちを考える上で有効なモデルである。

　ストレスが喚起され，そのストレスに悩まされた場合，コーピングする必要がある。コーピングは，情動焦点型コーピング（情動的な苦痛を低減させるコーピング）・問題焦点型コーピング（問題の所在を明確化することなどを通してコーピングを行う）などに分けられ，ストレスが喚起されている状況で有効なコーピングを実行することが望まれる。また，心身相関の観点から考えれば，過度のストレスで身体的緊張が高まっている場合，その緊張を低減させることで，心理的緊張から解放されることも期待できる。身体的緊張を解し，その結果心理的安定が確保されるのであれば，それは情動焦点型コーピングの一例といえる。

コラム4

ストレスに対処する　自律訓練法（Autogenic Training）

(1) 自律訓練法とは

ドイツの神経科医シュルツ（Schultz, J. H., 1884-1970）が1920年代より催眠状態の科学的分析を基に考案し，体系化した治療法，心身のリラクセーション法である。

継続的に練習を続ければ，ほとんどの人が習得可能である。更に，一度習得すればいつでも，どこでも，どんな状況でも（例：歩きながらでも）自分で練習ができ，効果を得ることができるため利用可能性が高いといえる。

自律訓練法の中心となる練習を「標準練習」という。ゆったりした姿勢（椅子または仰臥姿勢）で言語公式（表1）を心の中で繰り返しながら公式に関する身体部位にぼんやり注意を向けて，その時の心身の感覚を味わう。標準練習は生理的な背景に基づいて7つの公式から成り，原則として公式の手順，言葉は変えないで練習を進める。

表1　標準練習の公式

①	背景公式	安　静　練習	「気持ちが落ち着いている」
②	第1公式	四肢重感練習	「右（左）腕（脚）が重たい」
③	第2公式	四肢温感練習	「右（左）腕（脚）が温かい」
④	第3公式	心臓調整練習	「心臓が静かに（自然に）規則正しく打っている」
⑤	第4公式	呼吸調整練習	「（自然に）楽に息をしている」
⑥	第5公式	腹部温感練習	「お腹が温かい」
⑦	第6公式	額部涼感練習	「額が心地よく涼しい」

実際の練習は①ができたら次の②を加えるという積み上げ方式で順番に練習を進める。各公式に対応した身体感覚（重たさ，温かさなど）が，ほのかでも安定して感じられるようになったら次の公式に進む。最終的には第6公式まで一度に練習を行うこと。習得するには通常2～3ヵ月，人によっては半年以上かかることもある。また，心臓調整練習以降は心臓，呼吸器，腹部，額に症状や疾患が存在する時にはその公式を飛ばして練習を進める。

標準練習のほかにも自律性修正法，自律性中和法，黙想練習，空間感覚練習などの技法がある。

(2) 自律訓練法の特徴

①短時間（約2～3分）の練習を1日2回程度継続することを通して自分自身で心身のセルフコントロールができるようになる。
②さまざまな心理・生理的変化が生じる。
③標準練習では皆同じ公式を練習するので，集団での指導，練習も可能である。

④副作用が比較的少なく，他の治療法や技法とも組み合わせやすい。

(3) 自律訓練法の効果
　自律訓練法は正しいやり方で継続的に練習することで以下の効果を得ることができる。

1）知的側面：注意力の増大，記憶力の改善，課題の対応力の向上，学業成績の上昇
2）社会的側面：対人関係の改善，自発的な活動の増大
3）心理的側面：不安・攻撃的態度の減少，情動の安定，自信回復，神経質傾向の改善
4）生理的側面：不眠・胃腸障害・頭痛・チック・肩こり，疲労，冷え性の改善，健康増進
5）その他：創造性の向上，物事のとらえ方が柔軟になる，免疫力の向上

　自律訓練法は心身のストレスを軽減，除去することによって，人間の本来持っている力をより引き出すための方法といえる。

(4) 自律訓練法の適用範囲
　自律訓練法は開発以来，医学領域，主に心身医学の領域で積極的に導入されてきた。今日では以下の多様な領域で幅広く用いられている。

医学領域：心身症，不安障害，睡眠障害などの改善，出産の準備教育（自律訓練法を習得すると分娩の経過がスムーズになるといわれている），がん患者の延命，高齢者医療
教育領域：生徒指導，集中力，創造性の向上，教職員のメンタルヘルス
産業領域：事故防止（バス会社で交通事故が減少したという報告がある），人間関係の改善，作業効率の向上
スポーツ：あがり対策（日本は東京オリンピックの際に自律訓練法を採用してメダル数を増やした），コンディションの維持，パフォーマンスの上昇
その他　：アメリカ航空宇宙局（NASA）における宇宙飛行士の訓練（毛利衛氏は自律訓練法を行うことで宇宙空間でもよく眠れたと報告している），一般の人の健康増進法

自律訓練法の詳細については，以下の参考文献を参照されたい。
松岡洋一・松岡素子　2009　自律訓練法　日本評論社
佐々木雄二　1976　自律訓練法の実際　創元社

第6章　行政

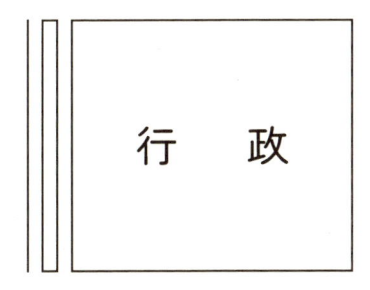

1　行政におけるカウンセリングの考え方

　近年，こころの問題に対する関心が高まり，都道府県や市区町村等において，こころの相談を担う窓口も増えてきている。行政の窓口は地域住民の近くに位置し，無料で相談を受けていることから，「カウンセリングを受けに行く」と身構えることなく足を運ぶことができる場所といえる。多くの窓口が設置される一方で，年齢や抱えている問題によって相談窓口が異なるため，「どこに相談したらよいのか？」と迷うことも多い。そのような時，問合せ先として挙げられる機関のひとつが精神保健福祉センターである。

　本章では特に精神保健福祉センター（以下，センター）におけるカウンセリングの位置づけについて説明する。

1　精神保健福祉センターについて

　平成18年改訂精神保健福祉センター運営要領によれば，「センターは都道府県（指定都市を含む）における精神保健及び精神障害者の福祉に関する総合的技術センターとして地域精神保健福祉活動推進の中核となる機能を備えなければならない」とされている。

　精神保健福祉センターの業務は以下のとおりである。

(1) 企画立案：地域精神保健福祉を推進するため，専門的立場から精神保健福祉に関する提案，意見具申等をする。

(2) 技術指導及び技術援助：保健所，市町村および関係諸機関に対しコンサルテーションを行う。
(3) 人材育成：保健所，市町村，福祉事務所，障害者自立支援法に規定する障害福祉サービスを行う事業所等の職員への教育研修。
(4) 普及啓発：一般住民に対する精神障害についての知識の普及啓発や保健所，市町村の行う普及啓発活動への協力，指導，援助。
(5) 調査研究：統計，資料を収集整備し，都道府県，保健所，市町村が行う精神保健福祉活動が効果的に展開できるように資料を提供する。
(6) 精神保健福祉相談：心の健康相談から，精神医療に係る相談，社会復帰相談，アルコール，薬物，思春期，認知症等の特定相談などのうち複雑，困難なものを扱う。
(7) 組織育成：家族会，患者会社会復帰事業団体などの組織の育成。
(8) 精神医療審査会の審査に関する事務。
(9) 自立支援医療（精神通院医療）および精神障害者保健福祉手帳の判定。

精神保健福祉センターの中には特色を持ったものもあり，たとえば，児童思春期の支援を重点的に行う施設，自殺対策を重点的に行う施設などが，各地域の重点的な問題や地域住民のニーズによって設置される。

埼玉県の精神保健福祉センターには社会復帰部門が併設されており，精神障害者のためのデイケア，生活訓練施設がある。専門職は医師，精神保健福祉士，臨床心理技術者，保健師，作業療法士である（医療施設が隣接しているため兼務していることもある）。各職種とも数年単位で精神保健福祉センター，医療センター，精神保健福祉士は保健所等外部への異動があり，ひとつの業務に慣れたころには異動になることが多い。

2　センターにおける臨床心理技術者に求められる役割

臨床心理技術者は相談部・社会復帰部へ配属されることが多く，それぞれの部署で求められる役割は異なる。

■……………………………………………………■ 相談部門 ■

　こころの問題に関する相談を受ける部門であり，個室で相談者の相談内容に耳を傾けることは，カウンセリングを学んできた人にとっては馴染みのある仕事といえる。個別相談を受けるほかに県立の機関であるがゆえに，保健所や保健センターでのケースカンファレンスにコンサルタントとして役割を果たすことや，関係機関や市民向けの研修，講演会を企画・運営し，時には講師を務めることも求められる。これはセンターの役割のひとつである精神疾患，精神障害に関する知識を一人でも多くの人に広め，罹患者や障害者を支えるサポーターを育成するという目的がある。そのため，カウンセリングに関する知識だけではなく，精神医学，コミュニティー心理学，地域の精神保健福祉の現状に関する知識等が必要となる。

　更にアルコール・薬物依存症の家族教室，ひきこもり本人の自助グループ，ひきこもりの家族教室，うつ病の家族教室，認知症の家族教室の運営，もしくは講師として携わる場合もある。教室の中では疾病や疾患，障害に関する知識教育，心理教育，グループワーク等が行われ，参加者同士の気持ちの分かち合いの場としても活用されている。ここでは各疾患についての知識のほかに家族療法やグループワークに関する知識が必要とされる。

■……………………………………………………■ 社会復帰部門 ■

　社会復帰の部門では，デイケアや生活訓練施設の利用者を対象に各種教育（たとえば，障害や疾患の理解）や対人関係の訓練，レクリエーションなどのプログラムを実施している。また，利用に際して，または利用中や利用の終結の際などに利用者の家族・医療機関スタッフ・他の社会復帰施設スタッフ等と利用者に関するケースカンファレンスを行うこともある。利用者一人ひとりについてのケースワークが主な仕事になるため，施設の外での業務も多い。他職種と協働することも多いため，各施設・各職種の役割や考え方，ケースに対するスタンスなどを理解しておくことも大事である。

2 行政における心理的支援の実際と課題

1 精神保健福祉センターにおける相談業務

■……………………………………■ 相談受付からの流れ ■

　埼玉県のセンターでは県内（政令都市であるさいたま市は除く）在住，在勤の方を対象にこころの問題に関する相談を受け付けている。相談者は本人・家族・近隣住民・関係者などさまざまであるが，家族からの相談が圧倒的に多い。電話で来所予約を取ることを原則としているが，突然来所する場合もある。電話の段階で医療機関への受診の必要があると判断した場合は医療機関の情報提供をする。その他緊急性が高く，保健所・保健センター等，職員が利用者の自宅に訪問することが可能な機関で対応することが望ましい場合は，それらの機関を紹介することもある。

　センターにおける面接相談では，状況整理に時間がかかり，すぐには問題が解決しない複雑困難事例（依存症，ひきこもり等）が多い。本人に相談・受診の意思がない，もしくは拒否し家族のみで医療機関に相談するわけにもいかず，本人が学校や会社にも所属していないなど，どこに相談したらよいかわからず，ようやくセンターに辿り着く場合も多い。民間の医療機関や他の行政機関でたらい回しにあっていることもあり，「本当に相談に乗ってもらえるのか」と不安に思いながら問い合わせをしてくることもある。電話で利用者がもつ問題の概要を尋ね，センターとして対応できそうな内容であるかを判断し，受け入れ可能な場合相談予約を行う。突然来所した場合も電話での問い合わせと同様，概要を尋ね，必要であれば面接を行う。相談者が電話のみでの相談を希望する場合には，こころの電話等の相談窓口を紹介する。

　また時には面接の必要な状況であると担当者が判断しても，問題に直面することへの恐怖から「電話だけでアドバイスをもらって済ませたい」，「なかなか来所してまで相談する勇気が持てない」，という相談者もいる。問題解決のた

2　行政における心理的支援の実際と課題　135

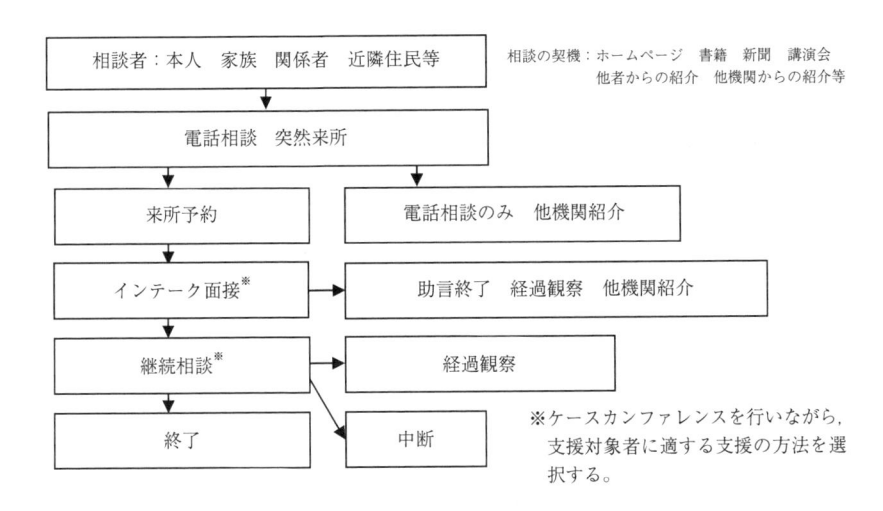

```
相談者：本人　家族　関係者　近隣住民等        相談の契機：ホームページ　書籍　新聞　講演会
                                              他者からの紹介　他機関からの紹介等
         ↓
    電話相談　突然来所
         ↓
   ┌─────┴─────┐
   ↓             ↓
 来所予約      電話相談のみ　他機関紹介
   ↓
 インテーク面接※ → 助言終了　経過観察　他機関紹介
   ↓
 継続相談※     → 経過観察
   ↓
   ┌─────┴─────┐
   ↓             ↓
  終了          中断
```

※ケースカンファレンスを行いながら，支援対象者に適する支援の方法を選択する。

図6-1　相談の流れ

めの第一歩を踏み出してもらうためにも「面接でしっかりお話を伺いたい」「お話をして，まず相談者自身が少しでも楽になるよう手助けをしたい」というメッセージを伝えることも大事である。

■ ……………………………………………… ■ インテーク面接 ■

　カウンセリングの基本である，まず訴えを聞き，相談者の感情を受け止め，信頼関係を築くことから始める。
（1）　相談者の感情の理解と心理的サポート
　援助したいというこちらの姿勢を言葉・態度で示す。不安・困惑・怒り・悲しみなど，抱えている感情はさまざまであり，そのような感情を出して良い場であることを伝える必要がある。感情的になるあまり，問題解決行動がとれなくなっていることもある。感情の整理をし，次の行動に移れるようサポートする。
（2）　問題の把握と必要最低限の情報収集
　「どういうことでお困りですか？」など話すことを促し，相談者が話したいことを話してもらう。面接時間は互いに集中して話ができる程度として初回は

90分くらいまでが妥当である。話を整理し，質問をはさみながらセンターとしてできることできないこと（支援の限界）を伝えるとともに必要な見立てができるよう情報を集める。緊急性・疾病性の判断も重要である。こちらにとって必要と思われる情報でも，相談者にとっては「なぜそんなことを聞くのか？」と疑問に思うこともある。質問する理由もきちんと答えることができるようにしておく。

（3） 今後の目標や方向性を共有

相談者のニーズを確認し，センターとして協力できる点を明確にする。「ひきこもりからの脱却」「夫の飲酒をやめさせたい」など相談者の掲げる目標はあるが，それらを短期間に実現することは難しい。また本人ではない相談者の場合「他人を変える」という目標は非常に難しい。そのため相談者が実現可能な目標を立て，ひとつずつ実行していくことになる。

相談者のニーズとセンターとしてできることがずれている場合もある。その場合は同じ目標を持ってはいるが，そのために行うことが相談者の想定していることと違う，ということを言語化してきちんと伝える。たとえば「薬物依存の息子を入院させてほしい」というニーズに対し，センターのスタッフは強引に本人を入院させることはできない。本人を治療へ結びつけるという目標は共通しているため，その目標に対し家族が取り組めることを提案していくしかない。依存症者が治療に辿り着く流れとしては，家族が本人と距離をとり，家族が本人の問題の尻拭いをやめ，本人が自身の疾病の重さに気づき，自身で治療の必要性を感じた時に治療に結びつける，というのが理想である。家族や関係者が強引に入院させたとしても，本人は依存症の問題を否認し続け治療が中断してしまうことが多い。相談者の考えと担当者の考えのずれを認めた上で，家族が行動を起こす必要性をきちんと説明することが大事である。

1回の相談で解決することは稀であり，相談者に何らかの対応を依頼したり，何度も面接に足を運んでもらうことになる可能性もある。面接の頻度は相談者と担当者の間で決める。2週間に1回，月に1回など定期的に面接する場合もあれば，状況に変化があった時に面接予約をとる，という形にしておくこ

ともある。これは緊急性や相談者の問題解決能力の度合いに応じて決めているためである。

無料の相談であるために相談の来やすさはあるものの，中断しやすく，困った時だけ助けを求める，という形になりやすい。継続相談が必要なケースに関しては，次の面接までに実行する「宿題」を設けて，実行できたか確認し，「少しずつでも前に進んでいる」という感覚を持ってもらうことも必要である。また，個別相談だけではなく，家族教室や自助グループを紹介し，併用することで担当者との面接だけでは得られない，「同じ悩みを抱える人たちとの出会い・分かち合い」の体験をしてもらうこともある。

（4） 相談事例　40歳代男性　アルコール依存症

妻からの相談。以前より飲酒量が多かったが，ここ数年さらに増え，最近は仕事を休みがちになった。飲酒時の暴力・暴言がひどく，妻が家を出ることもしばしばであった。

妻から本人の生活歴，飲酒時の状況を聞く。うつ病など他の精神疾患が疑われなければ，アルコール依存症として対応していく。暴力の程度，本人の身体状況などを確認し緊急性の判断をする。本人に依存症という病気としての認識がなく，飲酒をやめる意思もない場合，家族の対応について相談を継続していく。まずは妻自身の疲弊した気持ちを受け止め，依存症への対処ができるように気持ちが回復していくよう援助する。

本人が飲酒により失敗をした場合（終電を逃す，欠勤するなど），妻が助けに行くことは控え，事の重大さを本人が気づけるようにしていく。これまで助けることが当たり前だった妻にとっては，急に手助けをしなくなることは不安でもある（「帰ってくる途中事故にあったらどうしよう」「仕事をクビになったらどうしよう」など）。そのような，本人の問題から手を放すことへの不安を受け止め，一貫した対応をとれるように後押しすることも支援のひとつである。

2　家族教室・家族会

家族教室は，センター以外にも保健所，市町村，民間医療機関，相談機関等

で実施されている。家族教室は数回1クールで実施されることが多く，多くは心理教育的な知識の提供と家族同士の分かち合いを目的としている。家族教室終了後も情報交換をしたり，分かち合いの場が必要な時には家族会への参加を促すこともある。

医師などの「専門職の話」を聞きに行くということは，相談者にとって足を運びやすいことであり，一通りの知識を身につけることは今後の対応の自信につながる。また，教室で出会うほかの家族の話を聞き，自身の行動を振り返ったり，共感したり，時には感情を皆の前で口にし，そのことで自身が楽になる体験をしてもらう。家族の対応でまず必要なことは「家族が本人の行動に巻き込まれない」ことである。そのためには家族が自身の気持ちや行動に気づき，本人の行動に一喜一憂し疲れ果てていた自分自身を大事にする気持ちを取り戻すことが必要である。そのきっかけ作りの場として家族教室は役立っている。

■…………………■ 家族教室利用事例　ひきこもり　25歳　男性 ■

母からの相談。高卒後，大学受験に失敗して以来家にいる。自室に閉じこもったまま家族とほとんど顔を合わせず，口をきかない。どうしたらよいかわからない。

生活歴，成育歴を聞き，特に疾病性はない「ひきこもり相談」と判断。また，暴力，自傷行為等緊急の介入が必要な状況では当面ないと判断。母経由で本人を相談に誘う，担当者からの手紙を託す，家庭訪問等本人へのアプローチをしつつ，長年本人への対応に神経をすり減らしてきた母にとって，安心して話ができる場として個別相談を継続する。また，家族教室への参加を促す。家族教室で同じ問題を抱える他の家族と出会うことで，苦しみや悩みを共有したり，ほかの家族の対応方法を参考にすることができる。また家族教室と個別相談を併用することで，家族教室で気づいた自分自身の感情を個別面接で振り返ることができ，講師から聞いた一般的な対応方法を相談者の生活に合わせたオリジナルの対応にアレンジし活用することが可能である。

3 相談業務における課題

　センターは行政機関であるがゆえに強制力を持っているかのように思われやすく，また医療機関が隣接している場合には「入院させやすい」「治療に有利」と思われやすい。反対に，相談者が強制力や医療機関としての機能に過度の期待を抱いている場合，幻滅されやすい。

　無料相談であることは相談の敷居を低くするが，中断しやすく，連絡なしでキャンセルされることもある。また，逆に「無料で相談に乗ってもらうのは申し訳ない」と恐縮してしまう相談者もいる。金銭的な枠組みがないことは，相談契約を結びにくくしている要因のひとつと考えられる。

　担当者は数年単位，時には1年で担当部署を異動になることがあり，さらにその異動がわかるのは異動する1, 2週間前であるため，相談者にとっては唐突に担当者との別れが来ることになる。年度末には異動になる可能性があることを相談者にあらかじめ伝えるなど配慮が必要である。担当者が短いスパンで変わることはデメリットではあるが，相談者が担当者に過度に依存することを防ぐとともに，年度末までに相談に一区切りがつけられるよう問題解決を後押しするなどメリットもある。また，担当者がいつ変わっても，また担当不在時に緊急事態が起こっても他の担当者がフォローできるよう，カルテはだれが見てもわかるように書く，各面接で出た結論を短文でまとめておくなど，日ごろから工夫しておく必要がある。料金，面接頻度・期間，担当者などカウンセリングに必要な枠組みが一般的なカウンセリングと大きく異なることは，心理士にとって大きな戸惑いである。しかし，その現場独自の枠組みを逆手にとって，相談者に役立つよう工夫することが求められている。

　センターで扱う相談内容は，時代の流れ，要請に伴って変化していく。一昔前は多かった依存症の相談は，他の相談機関が充実してきたこともありセンターへの相談は少なくなってきている。一方でひきこもり相談から発達障害が明らかになることが多く，また，埼玉県の場合は医療センターに児童思春期病棟が開設したこともあり，相談でも発達の問題や思春期の問題を多く扱うようになった。更に国を挙げて自殺対策に取り組んでいることもありうつの相談を積

極的に受けるようになるなど，時代の流れや国の方針で業務内容が変化していく。そのため今現在センターで受けている相談や実施している家族教室も，窓口を増やしより身近で相談できるようにするため，センターでの専門職が時間をかけて実施する方法が完成形ではなく，地域で他の職種でも，短期間でも実践できる形にできるよう考えていく必要がある。

4 おわりに

ここで紹介した相談部門と社会復帰部門から成る精神保健福祉センターでは，専門職としてだけではなく行政職員としての業務もこなす必要がある。カウンセリングの枠組み，相談者との距離感，業務の煩雑さは一般的なカウンセリングと共通する部分もあれば，異なる部分も多々ある。しかし多様な知識と臨機応変さが求められることはどの現場でも同じである。精神保健福祉センターという行政機関においても，心理学の幅の広さを実感する経験は尽きることはない。

③ 保健所における心理的支援

1 精神保健福祉相談の原則

公的機関で行う相談業務は，法律，政省令，通知などを根拠にして位置づけられている。行政の行為である以上，管内住民の要求内容が機関の機能と合致している限り援助の拒否はできない「援助非拒否の原則」や機関の機能として可能なことは対応し，不可能なことについてはその説明責任や他機関紹介を行う「機関対応の原則」に基づいて展開される。その他，機会均等の原則や公共性の原則などがある。

2 精神保健福祉相談の特徴

保健所は，精神保健福祉相談を行う公的第一線機関であるため，必然的にその相談は医療から社会復帰，生活相談まで多岐にわたる。相談に持ち込まれる

問題の種別も，初発の精神疾患の受療相談や医療中断に伴う受療相談，アルコール依存などアディクション③関連の問題，ひきこもり，近隣トラブルなど多様である。大阪の池田小学校事件や大震災後のPTSD⑯に関する相談など社会的事象に伴う不安や緊張から相談が増加するなど社会の反応に影響される相談もある。また，その対応は，警察からの通報などによる危機介入や継続的な関与により問題解決をはかっていく場合など，問題の整理・確認，適切な判断が直ちに求められる。

3　相談形態別にみられる特徴

■……………………………………………■ 電話による相談 ■

　初回相談は，匿名性があり抵抗感が少ないことから電話によることが多い。相談の内容は危機介入を求める相談，気持ちの整理や不安の軽減・解決方法の模索の相談，情報を求める相談，継続的な関わりが必要な相談など多岐にわたる。公的機関ではあらゆる住民から相談が求められるため，相談者がどんな立場で，誰の相談なのか明らかにしていくことが大切である。また，精神保健福祉相談では危機介入が必要な相談への対応として緊急性をどう判断するかが重要である。相談者は医療機関紹介や受診同行など「今すぐ」の即時対応を求めることがしばしばあり，相談者の現状や本人（対象者）の疾病（病状）の状況，事態の切迫度を把握した上で緊急性を判断する必要がある。このような緊急性の判断は機関として判断した上で，その後の相談の展開を考えていくことが重要である。

■……………………………………………■ 来所による相談 ■

　多くの場合，家族や近隣住民など相談対象である本人以外が来談者であることが圧倒的に多い。来談者は身近な相互支援ではとても解決できない状態にあるなか，普段なじみがない公的専門相談機関に戸惑いや緊張や問題に対する怒りを持ちながら来所する。一方で，問題に対して直ちに解答が得られると期待

したり，場合によっては問題や課題を行政機関に一任できると期待していることもある。来談者のこのような複雑な感情や思いを十分に理解し，配慮していく必要がある。まずは，来談者に相談したい内容を思うがままに話していただき，問題の内容を整理し，具体的に何を要求しているのかを十分に確認することが重要である。このような感情を十分に受け止めないままの早急な問題解決プロセスの提示や他機関紹介などは誤解や不信を招くこともあり，慎重な対応が求められる。

■ ……………………………………………… ■ 訪問による相談 ■

　来談者（相談者）の相談対象となっている本人が一向に姿を見せず，来談者とだけ相談を継続しても解決に結びつかないことがしばしばある。そのような場合には，相談の進展を図るため，直接本人に会いに行く方法をとることになる。訪問では相談者から得た情報と事実の照合を行ったり，新たな情報を得る機会として活用する。相談者は訪問による支援が行われることで問題解決が直ちに進展したり，介入してくれるという過度な期待を抱きやすい。そのため，訪問は，相談の一環であり相談の過程の一手段として活用すること，初期の訪問では，相談対象者との関係づくりなど訪問の目的や意義をその段階に応じて相談者と確認・共有しておくことが重要である。

　訪問の際は事前に訪問することを本人（相談対象者）に予告する。相談者は「本人が逃げてしまう」など心配することがしばしばあるが，本人が心の準備をする時間は今後の関係を築く上でとても重要である。本人との接触は，自ら相談を望んでいない場合が多いため「行政機関が強制的にやってきた」「相談者の側の人間だ」という誤解を抱かれないような工夫と注意が必要である。挨拶や自己紹介，訪問にいたる経過や目的を本人に伝え，本人の思いや考えを聞かせてほしいという本人の側に立ったメッセージが大切である。本人との接触ができた場合は，再度の訪問（相談）を目標とし，本人に次回も訪問（相談）することをゆるやかなメッセージとして残すことが大切である。一方，訪問の際，自室にこもって会えなかったり，強い拒否を示したり，不在となるなどさ

まざまな状況を想定しておく必要がある。このような場合，相談者は訪問によっても何も解決しないという疲弊感を抱きやすい。そのため，後日，担当者が訪問による印象を相談者に伝えることや相談者から訪問数日後の様子を報告してもらうことを約束し，次の具体的アプローチを相談者とともに考えていくことが重要である。

4 心理的支援の実際

■································■ 精神科受療相談事例 ■

　Ａさんは仕事をやめてから自宅で母と同居し，閉居がちな生活を送るようになった。居室では１人でブツブツと喋ることが多くなり，「近所から狙われている」「殺されそうで怖い」と話し，時折窓の外に向かって大声で叫ぶようになった。ある時，母が外出した際に，Ａさんが鍵とチェーンをかけてしまい，母は家の外に追い出されてしまった。母はＡさんの兄に助けを求め兄宅で過ごした。Ａさんは母がドアのすき間から置いた弁当を食べてしのぎ，母の声かけには一切応じなかった。数日後，母と兄が保健所に来所し相談が開始された。Ａさんは病気の可能性が高く入院治療を含む医療の介入が必要と考えられ，担当者から医療機関を紹介し，受診に向けた調整を図った。担当者は家族とともに自宅を訪問し，２度目の訪問でＡさんと接触し，説得の上家族とともに病院を受診し，入院となった。退院後，数回の訪問面接を行い，市の担当者につなぎソーシャルクラブを紹介し，母は家族教室に参加することとなった。

　本事例の相談では問題を整理し，病気を発症した可能性があることや病気の説明，医療機関での治療の必要性，治療につなげるまでの道筋を提示した。本事例の相談の中で一番重要なことは，まず母の動揺や感情を受け止めることや治療の先に回復するという希望があることを伝えることであった。母はＡさんに家から追い出されてしまったことによる精神的落ち込みや娘が発病したことを受け止められず混乱していること，娘がこの先どうなるのか不安でたまら

ないことなどの動揺が激しく,母が解決に向けて動き出すには,まず動揺している状況に共感し,感情を受け止める必要があった。解決への道筋を示す中で回復できることを希望のメッセージとして伝え,家族が問題解決に向かえるように支援することが重要である。また,家族が安心感を得るひとつの要素として,緊急時の対応を伝えることが重要である。解決までの過程は決して短いわけではなく,一晩一晩緊張と不安を抱えながらのAさんへの対応となるため,家族がいざという時の対応を理解した上で過ごすことが大切である。

■ ……………………………………………… ■ ひきこもり事例 ■

Bさんは大学受験に失敗し浪人生活となってまもなく外出せず自室に閉じこもるようになった。父はBさんに対して叱咤激励して社会参加を促していたが,本人は父とコミュニケーションをとらなくなり3度の食事は自室にて取るようになった。外出はほとんどせず,1日のほとんどを自室で本を読んだり,寝て過ごしていた。親戚の集まりには顔を出さず,姉の帰省時には近所の公園等に出て姉とは顔を合わさずに過ごすなど人との関わりもほとんどなかった。自室にひきこもるようになって数年が経過した頃,母が知人からの紹介で保健所のひきこもり公開講座を知った。このことがきっかけで来所による相談が開始された。来所による相談を重ねたところで,担当者による訪問も実施した。しかし,訪問するたびにそれに合わせてBさんは不在となったため数回行ったところで訪問を中止し,母の相談も間が空くようになってしまった。相談開始から半年以上経過した頃,保健所で実施しているひきこもり家族会を紹介した。ひきこもり家族会に参加してから個別相談は行わなくなったが1年経過したところで母だけでなく父が家族会に参加するようになった。それを機に相談が再開され,来所による相談を重ね,訪問を実施したところ,近所の公園でBさんと接触できるようになり,定期的なBさんとの相談ができるようになった。

本事例の相談は,母の来所がきっかけとなった相談であったが来所に至る経過も長く,Bさんのひきこもる状況の解決に因われず,家族自身のペースを尊

重したことが有効だったと考えられる。この家族にとって母が来所相談したことは大きな出来事である。父は「公的機関の力を借りるのは情けない」「Bのやる気の問題だ」という考え方があり，母が来所相談したことで閉塞した家族関係に変化が生まれた。それまで保っていた家族の関係性に変化が生じ，父と母の意見の相違が表れた。当初訪問時のBさんの不在は，両親の考えの不一致が影響していたことや，保健所の訪問の目的もきちんと伝わっておらず拒否されてしまったことが考えられる。母がひきこもり家族会に参加し，家族以外の第三者とのやりとりで母がそれまでの閉塞感から解放されたことや参加家族らの勧めで父が登場したことで父母の関係性に変化が生じた。2年越しで訪問し，Bさんと会うことができたのは，父母がいない家庭外で行ったことや時間的経過，家族の変化などさまざまな要因が考えられる。当初訪問の目的はBさんに会うことにあったが，本事例は，訪問する目的や意義を確認し，家族機能など幅広い視点で考えていくこと，長期的なスパンで心理的支援を行っていくことが重要と考えられた事例であった。ひきこもりの地域支援では，定期的な訪問の導入後の目標と問題解決をどこに設定するか，終わりの見えにくい支援をどう展開するかは重要である。

■··■ アディクション事例 ■

　Cさんは妻との2人暮らしでトラックの運転手をしていた。中途で身体障害になった妻に代わり，家事も担っていた。Cさんは若い頃から大酒飲みであったが，飲酒による事故を起こしたせいで会社を退職することとなり，退職金と貯金のみで生活を送ることとなった。退職後も飲酒は継続していたが，飲酒していない時は穏やかで真面目ないい人であった。しかし，飲酒すると人が変わったように気が大きくなり妻に当たったり，妻の介護で訪問に来ていたヘルパーにからみ酒をするなど問題が生じていた。1年とかからずに退職金の半分が酒で消費されてしまったこともあり妻は疲れ果てていた。ヘルパーからの勧めで，妻は保健所への相談を開始した。相談では，依存症の知識と対応についての理解を深めたり，医療機関や自助グループ⑩への紹介を行った。保健所による

訪問も実施したが，Cさんは飲酒について否認し訪問についても拒絶的であった。不定期の訪問を実施していたところ，Cさんが泥酔状態で電話相談を求めてきた。後日，Cさんが素面の状態の時に相談し，医療機関を受診することとなった。

本事例はCさんに介入するタイミングを妻や関係者と共有し，見守ることが有効であった。Cさんは当初，担当者に対して拒絶的であったが，不定期の訪問の中で，妻のために今まで頑張ってきたことをボソボソと話すようになった。また，飲酒によってストレス発散していたのに，いつのまにか飲酒で生活がボロボロになっていることを語るようになった。Cさんが泥酔状態で電話相談を求めてきた時が，CさんからのはじめてのSOSであり介入の契機となった。妻やヘルパーは当初，問題は悪化する一方であると考え「今すぐ」の介入や対応を保健所に求めてきた。依存症の知識や対応，依存症の特徴である「否認」についてまず知ること，Cさん自身が重篤な状態になる前に底つき体験を経験できるような見守りとその危機時の対応について共有することで受診につながった事例であった。家族の自助グループへの紹介も必要であることはもちろん，焦りや疲弊感を抱く家族が根気よく本人を「見守る」ことができるよう家族を「支える」ことも支援の中で重要であったと考えられる。

5　社会復帰と地域における心理的支援

社会復帰の目標は一律ではなく，個々の障害や置かれている環境によって異なる。その障害や置かれている環境を自分でどう理解し，何を改善し，どんな社会復帰の形を目指すのかによって，社会復帰に向けてのプログラムが組まれることになる。

■ ……………………………… ■　社会復帰の動機を支援する　■

社会復帰を考えていく上で，一番に大切にされるべきは，本人の動機である。動機は当事者自身のものであり，外部から強制されるものではない。社会復帰プログラムを受ける必要性はあるものの，当事者自身に社会復帰するため

の動機が熟せず，社会復帰のプロセスに踏み出せないことも多い。その理由は，新しいことにチャレンジする不安，変化への抵抗，障害による現実検討能力の低下などが考えられる。また，はじめから明確な動機を持つ者の中にも，極端に社会復帰の目標が高かったり，現在の状態と目標がずれていたり，適切でないことも多くある。適切な動機の醸成をどう支援していくかが社会復帰支援の一番最初の関わりとなる。この適切な動機の醸成への支援は，その後の回復過程に大きな影響を与えるものでありとても重要な支援である。

　Dさんは16年間精神科病院に入院をしていた。入院して1年後には病状は安定していたが，身内が亡くなり，退院先を失ってしまった。16年間の入院生活は不自由ではあったが，同じ入院仲間がいることでコミュニティができ，医療職に見守られた生活に安住し，この病院で一生を終えるんだとの思いで生活をしていた。平成16年に始まった国が行う地域移行支援（退院支援）の対象としてDさんに声がかかったが，退院する気持ちもないまま，仲間と一緒ならと軽い気持ちで地域移行支援のプログラムに参加した。プログラムは地域生活の楽しさを再認識し，地域で生活する精神障害者との交流など不安を軽減する内容で構成され，週に1度定期的に開催されていた。この支援を受けている仲間が退院していくと，Dさんの気持ちに変化が生じ始め，「自分も退院してみてもいい」と退院する気持ちが芽生えた。プログラム開始から2年，退院した仲間からも勇気づけられ，地域生活を開始することになる。

　Eさんは2年間精神科病院に入院していた。Eさんは家族の元に退院したい意向であったが，家族への暴力があったため，家族は退院先として受入れを拒否していた。親への依存が暴力という形の表現となっていたことにより，医療関係者と家族により，Eさんは単身生活をさせる方針が立てられた。Eさんは説得に応じた形で単身生活に向けたプログラムに参加し始めたが，家族の元に戻りたいという気持ちは消えず，関係者の意向と本人の意向が平行線のまま，退院に向けたプログラムは継続されていた。Eさんから「家族の近くで単身生活します」と渋々折り合いをつける言葉が出たのを機に，アパート探しに支援が流れていった。しかし，アパート探しの初日に外出先で自殺を図ったのであ

る。

　Dさんの場合は，期間の定めなく退院支援プログラムを提供したことでDさんの不安を軽減していき，動機を醸成していった。しかし，Eさんの場合は，関係者が期間ごとに退院に向けた目標を定め，関係者のペースで支援プログラムが行われ，Eさんの退院の動機を関係者のペースで作っていった。動機は，必ずしも内発的に自然と作られるものではなく，外部の情報や後押しなどがあって動機が高められる側面もある。この時，配慮されるべきこととして，外部の刺激を受け入れる準備が整っているか，現実的な思考が可能か，などを斟酌しながら進めることが必要である。受け入れる準備を整える要素として，「時間」は重要な要素のひとつである。社会復帰に当事者自身が行うべき必要な事柄について定期的に説明を行い，それが当事者の言葉として置き変わっていく支援を継続（＝「時間」）して行っていくことが必要である。

　動機には消極的な動機づけもある。本当の希望はかなわないから，やむなく希望とは違う事柄を選択するのである。消極的な動機であったとしても本人がその選択を受け入れているか否かがポイントになる。それは現実的な検討ができるか否かということにつながるが，現実的な検討ができずに，無理をすることにより病気の再発など失敗を繰り返すこともしばしばみられる。しかし，失敗が障害を受け入れる助けにもなり，障害を受け入れることで現実検討ができることにつながり，社会復帰プログラムを利用する動機となっていくこともある。必要に応じて，上手に失敗する機会を提供すること，失敗を見守ること，失敗があった時にはそれを支え，介入することが，支援者の役割となる。そのために，本人がこだわることへの挑戦が現実的な動機の選択に有効であれば，安全を確保しながら行うことが必要である。この場合の安全とは，自殺リスクおよび病状悪化リスクへの対応，挑戦が失敗に終わった時のケアをプランニングしておくことである。挑戦が成功した時にはプラスの評価を当事者に伝えるとともに，成功がもたらす影響（気分が高揚して病状に影響を与えるなど）も考えておく必要がある。

■……………■ 当事者が自分自身の専門家となる支援をする ■

　より生きやすい当事者としての生き方とは，どんな生き方なのであろうか？精神病を受け入れて，障害であることを受け入れて無理せず生きていくことを強いられることであろうか？　私たちは専門家としてさまざまな相談を受けたり，支援を行うが，支援者と支援を受ける者に二分してしまうことを無意識に固定化してしまうことがある。専門家であることに自負を持つことは職業人として重要なことである。しかし，支援を受ける者は，すべてにおいて"永遠に支援を受ける側でいることの選択をしている"のであろうか。"自分自身で健康的な生活を送れるようになることを求めている"のではないだろうか。最近は，当事者同士が支えあうピアカウンセリング®が広まってきている。専門家は，支援を受ける側だけに当事者を置くのではなく，当事者が専門家から自立して自ら健康的な生活を送る主体として，自分自身のより良い生き方の専門家になることについて支援を行っていく必要がある。

　こうした自律的な生き方には自己責任が必要とされるため，その苦しさやその耐性がないことから回避行動を取ることも当事者の回復プロセスにみられることである。回避行動は，否認や依存や攻撃などの抵抗となって現れることがたびたびある。そうしたものは回復プロセスでは厄介なものであるが，「問題」としてだけとらえていると巻き込まれないように遠ざけたり，「問題だ」と指摘するだけにとどまったり，回復プロセスの支援を放棄することが生じてしまう。「問題」＝「支援の対象」としてとらえ直すことも必要である。その時の支援は関係者で十分に吟味し，方法，内容，時間（期間）などの検討が必要である。

　男性Fさん。大手会社で営業マンとして活躍，結婚し子ももうけていた。就職して数年後に統合失調症を患い，離職，離婚となる。実家に戻り，アルバイトなどをしながら療養をしていたが，自分の不幸を家族のせいにし暴力をたびたび振るうことから，自立を目指し，社会復帰プログラムに参加することになる。当初は適応もよく積極的に参加をしていたが，職員の粗さがしをしては

職員を攻撃する行動が頻回になる。親は本人の気分を害さないように接し，職員は関わりを極力もたないように距離をとり始めてしまった。職員への不満を苦情解決という糸口で関与を開始していくと，「俺は仕事を一生懸命に誰にも負けないように頑張っていた。なのに，職員は俺の為に一生懸命にやっているように思えない。」と本人の輝いていた時代を引き合いに出すことが頻回に認められた。今の自分を受け入れられないことが他者への攻撃となっていると考え，Fさんへのアプローチとして，本人が過去頑張ってきたことへの承認と，現在，病気と向き合って社会復帰の道を歩み始めていることに正の評価を伝え，気持ちの整理の支援を行っていくこととした。途中，本人が利用する支援機関は変わったが，その支援が引き継がれ，約2年経過した頃から，攻撃的な言動は減少し，安定した生活を送れるようになる。Fさんは，このことについて，今では「背伸びしない生き方ができるようになった」と自信をもって語ることができている。

　Fさんに提供した支援の方法とは，喪失感への共感と社会復帰をすることへの支持を中心とした定期的な面接と受け入れられない要求についての丁寧な説明であった。この方法により，Fさんは徐々に現状を受け入れることができていった。また，引き継いだ支援機関においても同様の支援を継続したことでさらにFさんの安定につながっていった。

■ ·· ■ **地域における支援** ■

　地域での支援は，当事者が安定した生活を継続できるように，①医療，②直接的な生活への支援（訪問看護，ヘルパーなどアウトリーチ①による支援），③相談による支援（市町村の相談支援事業などで，日常の相談等を受け問題解決や心理的サポートを行う支援），④当事者の生活能力等の向上にかかる支援（障害者自立支援法による訓練等給付）が提供される。

　また，地域の支援においては，危機時の対応について，当事者がすること，支援機関がすることを整理し，事態が悪化しないように連携を図れるようクライシスプラン⑭を立てて共有しておくことが地域生活を支える上で非常に重要で

ある。もちろん不調ばかりに目を向けるクライシスプランで生活をコントロールすることは，不安に目を向けて生活をすることになり，いきいきとした生活を送ることはできない。病気や障害を抱えていて，いきいきとした生活を送るためには，元気に過ごすためのプランと危機になった時のプランの両方を持ち合わせておくことが重要である。

■ ……………………………■ 危機に対応するプランづくり ■

　危機に対応するプランは，危機時のプランと危機後のプランが必要となる。「危機時のプラン」は，調子が悪くなっている時のサインを一覧表につくり，一覧に挙げた危機のサインに対して自分で何ができるのか？　周囲に何を協力してもらうのかを整理し，実践できるようにするものである。その具体的なサインには，睡眠時間が少なくなる，イライラしやすくなる，身体的な不調が増える，テレビの音が入らない，一日中寝ている，自殺したい気持ちが起きる，幻聴が聞こえる，被害的になりやすいなど多様である。この時，サインに対して気づく力（先に支援者がサインに気づく場合もある）が必要で，支援者（医師，看護師，心理士，ソーシャルワーカー，家族，友人など）の力を借りる時には，支援者を信じる力が必要となる。準備として支援者は当事者と具体的なサインとそれぞれの対処法を事前に十分に話し合いをしておくことが必要である。次に大事なのが，「危機後のプラン」である。「危機後のプラン」は回復したら何をするのかを考える作業である。具体的には，仕事や活動をどう再開するのか，感謝や謝罪や関係修復をしなければならない人はいるのか，いる場合，具体的にどうするのか，危機後に暮らし方を変えなければならないことはあるのか，この危機から学んだことは何か，再びの危機を防ぐために何をしなければならないのかなどを危機から脱した時に整理し，回復後の生活をどう再開するのか準備をしておくことである。

■ ……………………………■ 元気に過ごすためのプランづくり ■

　元気でいるためのプランを作成しておくことは，マイナスの自動思考や不調

に陥るのを防ぐことに有効である。具体的なプランとして，友達と話すこと，ピアカウンセリングに参加すること，創作，娯楽，励みになるような活動を行うこと，運動をすること，食事をとること，いい気分になれるものを身につけること，音楽を聴くことなど，自分が快いと思うことを挙げておき，元気に過ごしたい時に実践できるように準備しておくことである。支援者はプランづくりについて必要に応じて関与し，当事者のサポートを行うことになる。

■引用・参考文献
　氏原寛・成田善弘共編　2000　コミュニティー心理学とコンサルテーション・リエゾン　培風館
　埼玉県立精神保健福祉センター　相談課　1998　精神保健福祉ガイドブックⅢ
　氏原寛・亀口憲治・成田善弘・東山紘久・山中康裕共編　2004　心理臨床大辞典（改訂版）　培風館

コラム5

警察という場における心理的支援の実際

　神奈川県警察健康管理センターは，職員の健康の保持増進を図ることを目的とし，労働安全衛生法等に基づき，疾病の予防，疾病者の勤務管理，衛生管理，応急診療等を行っている。その中で，心理職は，「労働者の心の健康の保持増進のための指針」（厚生労働省）等のガイドラインに従って，職員のメンタルヘルス関連の業務を担当している。

　神奈川県警察は職員数約17,000人（8割が警察官，2割は事務職員と技術職員）であり，所属は県内の54警察署と本部内の各部署を合わせて109所属である。各所属の規模，地域性，専門業務は多種多様であり，同じ組織内であっても，各所属の特色，職員構成，職場風土，異動期や繁忙期等を考慮した支援を行う必要がある。

　一般的に，事業場内のメンタルヘルス対策は，1次予防（メンタルヘルス不全の防止），2次予防（早期発見・早期対処），3次予防（再発・再燃の防止）に分けられる。これまで，事業場内の心理的支援といえば，2次予防や3次予防の対策が中心であったが，最近では，事業場全体の健康や生産性の向上に貢献する1次予防にも注目が集まっている。そのため，実際の支援では，職場の実情に即した総合的な支援が求められるようになってきている。

　ここでは，架空の事例（Aさん）から警察における実際の支援を紹介する。

　　　春に職場を異動し，交替制の勤務になった警察官のAさんは，1ヵ月ぐらい前
　　から不眠が続き，職場でも仕事が思うように進まないと感じていました。

　メンタルヘルス不全が生じた場合，早い段階で発見し対応するための体制づくりが重要である。神奈川県警察は職員が非常に多く，所属も県内に分かれているため，健康管理センターだけで全体を把握することは困難である。そのため，個人が自由に利用できるチェックツールや研修等を通じて，個人や周囲がメンタルヘルス不全に気づく機会を増やすとともに，相談窓口を明確にし，スムーズに対応できるよう努めている。

　　　Aさんは，健康管理センターに相談して精神科の受診を勧められました。うつ病
　　と診断され3ヵ月間休養したAさんは，症状が落ち着き，職場復帰を考えるよう
　　になりました。

　症状が安定した場合，職場復帰の支援や勤務管理によって再発を予防することが重要である。特に，復帰後の勤務内容に再発要因が疑われる場合，健康管理センターが中心となり，主治医の意見を踏まえて，職場の上司と勤務内容の調整を行っている。Aさん

の場合，定時制のデスクワーク業務から開始し，症状に応じて負担を段階的に課していくよう調整を行った。また，心理職が定期的な面接を行い，Ａさんや上司の不安を緩和する，状況に応じた業務を提案する等，再発要因の緩和や環境調整を行うことも必要不可欠である。

　　　復帰後から徐々に仕事を増やしていったＡさんは，１年後には以前と同じ勤務ができるようになりましたが，Ａさんの不調の要因は，職場全体に共通する可能性がありました。

　個人への介入を契機に職場全体への介入の必要性が明らかになることがある。Ａさんが調子を崩した要因のひとつに，"疲れていても周囲が忙しそうで帰りにくい"という，職場全体にも共通する問題が挙げられた。そのため，心理職から，Ａさんの上司を通じて問題の共有と改善を目的とした職場内ミーティングを提案し，その結果，職場で全体の業務報告会を定期的に実施することとなった。報告会の実施によって，業務の透明性が増して互いにサポートが得られるようになり，職場全体のストレスを緩和すると同時に，業務効率の向上にもつながる結果となった。
　以上のように，神奈川県警察の各所属の特色を考慮するために，随所に職場関係者を交えた介入を行っている。このように，個人の問題に職場全体で取り組むことによって，個人の問題解決を職場自体の改善につなげることも期待できる。そして，個人と職場の両者に対する効果的で総合的な支援を行うためには，カウンセリング理論だけでなく，ストレス理論や問題解決理論等の各心理学領域のさまざまな理論を柔軟に取り入れていくことが必要である。

第7章　おわりに

　本書は医療，学校，産業，行政の各領域での経験豊富な執筆者が，現場で実際に行われているカウンセリングについて紹介してきた。単なる教科書的な紹介ではなく，現場の中で心理的支援を担うカウンセラーとしてそれぞれの執筆者が配慮していること，工夫していることがリアルに描かれていた。読者にも現場の雰囲気を意識しやすかったのではないだろうか。編者の1人としてはすぐにでも読者に感想を求めたい気持ちだが，ここでは本書を通してみえてくる事柄をまとめてみよう。まず，カウンセリングからみるそれぞれの現場の特質について，次に現場を通じて共通する実際問題について，最後にカウンセリングがなぜ必要とされ，効果があるのか，その心理学的な基礎を紹介して，これからのカウンセリングの課題について考えてみよう。

1　カウンセリングからみたそれぞれの現場

　図7-1は筆者がカウンセリングの中で問題を理解するために用いている暫定的な枠組み（ケースフォーミュレーション）である。図にあるように，あらゆるクライエントは1人で問題を引き起こしているわけではない。外的過程と内的過程の相互作用として問題が起こっている。たとえば，仲の良くない誰か（外的過程）が自分に隠し事をすると（入力），不愉快である（内的過程）。そこで相手と対立する態度をとると（出力），相手も面白くなくて，ますます隠し事をするようになる。このように外的過程（個人外の過程：人間関係，経済的な懐具合，健康の問題，など）が個人に入力されると，内的過程が刺激されて出力

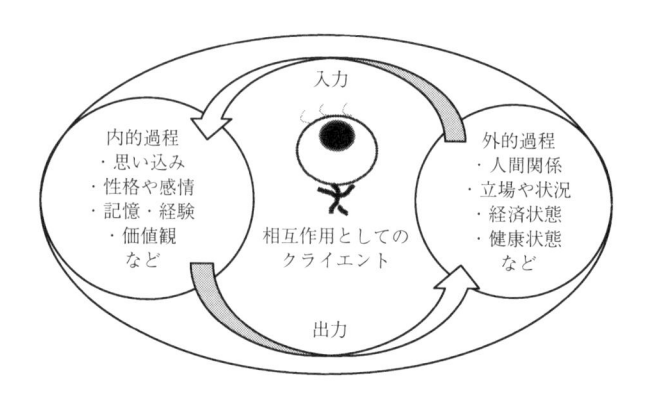

図7-1 暫定的ケースフォーミュレーション
(T.Millon の personality 観と詫間ら（2010）を参考に筆者が作成)

が発生する。この出力の影響で外的過程が刺激され再び個人に入力されて次の出力が生じる。私たちは，日々，このような繰り返しを生きている。

本書を読み終えた読者は，同じ「カウンセリング」でも現場によって大きく違うことを実感してもらえたのではないかと思う。その理由のひとつは現場によってクライエントが直面する外的過程が異なっているからである。更にもうひとつの理由は，問題を軽くするために介入（アプローチ）するところと目指している結果（目的）が現場ごとに異なっていることである。言い方を変えれば，カウンセリングの違い方を通してそれぞれの現場がどのような外的過程と向き合っていて，何を目指してカウンセリングをしているのか，その特質が見えてくるといえるだろう。ここではそれぞれの現場の特質を整理してみよう。

1　医療現場

医療現場では医師を中心にした診断や治療と患者自身の気持ちの狭間で働くカウンセラーの姿が描かれていたと思われる。

医療の目的は健康の回復と維持である。ここでは対象者を"患者"と呼ぶ。患者の英訳は"patient"で，この言葉には形容詞としては忍耐強いという意味がある。苦悩に耐え忍んでいる人，という意味で"patient"が医療の対象

者，すなわち患者のことを指す用語になった。この用語には身体的，精神的な苦悩に直面する中で懸命に生きていることへのリスペクトの念も込められているだろう。すなわち，医療現場では"カウンセリングの対象者＝苦悩に耐え忍ぶ患者"を尊重する風土があるといえる。また，苦悩の内容は患者それぞれに特有で，自ずと患者の個人的な事情が尊重されやすい環境であるといえる。第2章で紹介されているように，カウンセリングでは"聴く"，"観る"といった対象者自身をポジティブにとらえ大切にする態度が基本であり，その意味で医療現場の人間観はカウンセリングの態度と馴染みやすいといえるだろう。

また，"病気"は医師も患者も内的過程と考えるが，医療現場のカウンセリングでは患者本人にはコントロールが難しい「出来事」と考えて，外的過程として考えた方が支援を考えやすくなる。図7-2は医療現場におけるカウンセラーのアプローチを図示したものである。精神科の医師は経済的な環境も含めて外的過程に介入する権限とスキルを持っているので，医師との協力の中でカウンセラーは外的過程へのアプローチも視野に入れて活動できる。この点も医療現場のカウンセリングの利点であるといえるだろう。

ただし，医療現場には医師を頂点とした職務のヒエラルキーがあり，"医師

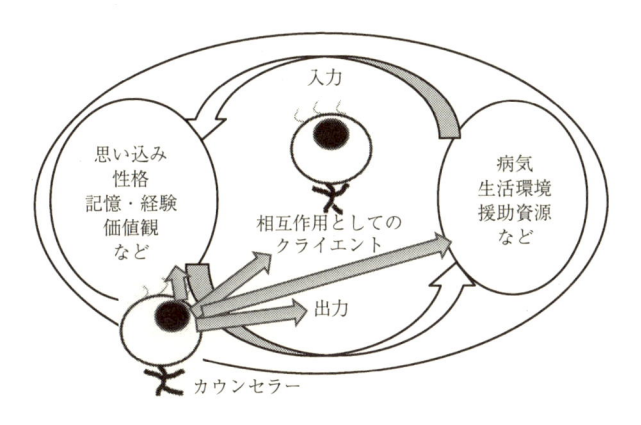

図7-2 医療現場におけるカウンセラーの介入の観点
(網掛けの矢印はカウンセラーの視点の向きを表す)

が医療を行う"のではなく"医師が行う行為が医療である"とも思えるほどの絶大な権限が医師に集中している。そのため，医療現場はそれぞれの医師が力を発揮しやすいように組織化されており，医師という良い意味での絶対権力の中で，うまく活用されるカウンセラーである必要があるといえるだろう。なお，現在のところカウンセリング業務を担うことが法的に承認されている職種は精神保健福祉士，精神療法を担うのは医師，心理療法（認知療法）を担うのは医師と看護師である。カウンセリングの専門技能を有する心理職には医療に関わる資格がないため，医師の裁量の中で関連する業務を与えられている状況が長く続いている。

2　学校現場

学校現場は「心の問題」が持ち込まれることを想定せずに設計された教育制度や教育組織を築いてきたが，実態としては児童・生徒，保護者，教師それぞれに1人の生活者としての気持ちの動きがあり（杉山・内田，2005），その狭間で働くカウンセラーが描かれていたと思われる。図7-3はカウンセラーの介入のアプローチのイメージを図示したものである。第4章で紹介されているように，児童・生徒は保護者や教師の影響が強いのでどのように支えられているか，逆にどのように脅かされているかも含めて保護者や教師への介入や支援の対象とも視野に入れる必要がある。

外的過程について，学校の目的は教育であるが，教育は社会制度でもあり政策でもある。そのため，さまざまな考え方がある。特定の理念がある私立を除けば，教師にも良識の範囲内で教育観・教育方法の自由が認められているので，教育現場には実にさまざまな考え方が飛び交っている。また，学校には指導要領というものが存在し，伝統的に校長，教頭，教務主任，そして生徒指導の4役を運営の中心として，要領に沿って各教科の知識とスキル，また長幼の序や朋友の信といった生活態度や道徳を身につけさせている。言い換えれば，学校とは大人社会が期待する秩序を児童・生徒に身につけさせる場であり，秩序を受け入れることができる心が集うことが想定されている。また，運営側が

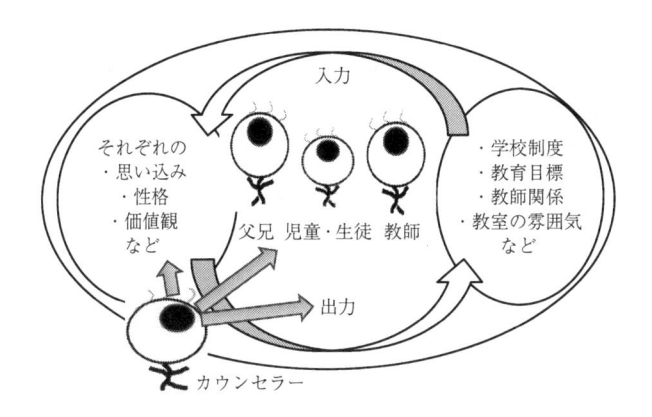

図7-3 学校現場におけるカウンセラーの介入の観点

与える秩序とは別に児童・生徒間，教師間でつくられる「裏の秩序」とでもいうべき第三者には確認が困難な秩序も存在するので，秩序を受け入れる側は本当に大変だといえるだろう。その中で「秩序」に拒否された，または「秩序」を拒否した心に対して，第4章で相談員を"先生"と呼ばせないことで，「私はあなたを拒否しない，あなたも私を拒否する必要はない」と印象づける配慮が紹介されている。学校で居場所を失った人には嬉しい気づかいだろう。なお，カウンセラーは教師の希望と協力があれば教室の雰囲気と教師関係にアプローチする場合もあるが，カウンセラーが積極的に改善を主導するものではないので，ここでは外的過程としている。

　ところで，学校内で活動するスクールカウンセリングの場合は，学校の中で適応できている大多数の児童・生徒と教師が営む学校本来の活動を邪魔してはならないし，この活動を邪魔するようなカウンセラーの行動や態度もあってはならない。また，学校の運営者にそのように誤解を与えることもあってはならない。このように心の問題だけでなく学校の運営と目的にも配慮した対応が必要であるが，学校現場や教育委員会では心理職は教師にはない特別な見識のある高度な専門職として尊重してくれることが多い。尊重と信頼を裏切らないことが必要であるが，学校の秩序と目的を阻害しない範囲でカウンセリングがよ

り効果的になる協力や配慮を得ることは十分に可能な現場であるといえるだろう。

3 産業現場

本書では EAP と社員教育・研修が主に紹介されているが，業務という目的を持って構成された組織の中で個人の，そして組織のニーズに柔軟に対応するカウンセラーの姿が描かれていたと思われる。図7-4は産業現場におけるカウンセラーの介入の観点のイメージであるが，職場という組織も，従業員としての個人も，その職場の業務目的を遂行し，業務目標を達成するために存在している。そのため，職場環境への労働者の最適化を第1に目指す。

第5章では社員教育や研修が詳説されているが，危機介入などの急性の問題を除けば，企業は費用対効果でカウンセリングを考える場合が多い。その観点では社員教育や研修は優れた介入のアプローチであるといえるだろう。たとえば，臨床心理士を使ってメンタルヘルスの問題を持つ従業員に7回（7時間）のカウンセリングを行うことと，部署単位でメンタルヘルスリテラシーの7時間の研修を受けさせることの費用と受益者数を比較してみよう。臨床心理士に7時間分の手当てを出すことには変わらないので，受益者の数だけでみれば研

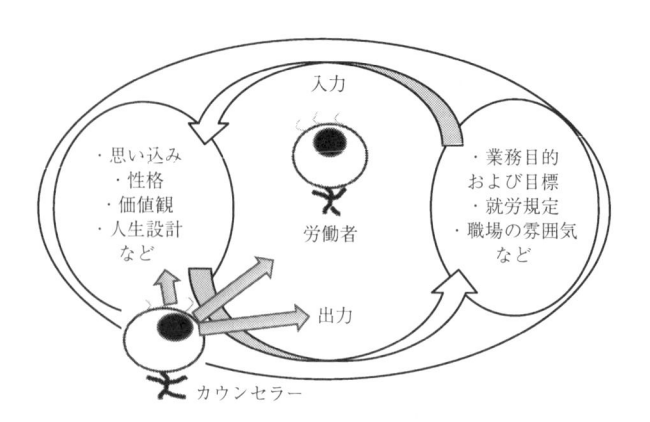

図7-4　産業現場におけるカウンセラーの介入の観点

修は何倍，何十倍も費用対効果が高い。仮に研修にかかる臨床心理士の時間単価を個人カウンセリングの3倍にしても受益者1人あたりの経費負担は圧倒的に軽い。また，従業員が苦悩している間はパフォーマンスが著しく下がるので，メンタルヘルスリテラシーが高まって従業員がメンタルヘルスを自己管理してくれればパフォーマンス低下の予防にもなるし，従業員の苦悩や負担も小さくて済む。また，万一メンタルヘルスの問題を抱えたとしても，研修を受けていればカウンセリングへのアクセスが良く，カウンセリングそのものもより効果的になるだろう。カウンセリングは個人とその環境により良い変化をもたらすことが目的なので，広い意味では社員教育や研修もカウンセリングの一環と考えることができるだろう。

　なお，日本の産業界は過渡期を迎えており，今後の課題が多い。たとえば，日本では国家が企業を守る，企業が従業員とその家族（国民）を守る，という社会制度が経済の高度成長期を通じて形成されてきたので，仕事を求める日本人の多くが"正社員（定年までの勤務と生活保障を前提に，業務時間外や私生活にも義務が発生するフルタイムの働き方）"という働き方にこだわる傾向がある。この"定年まで"と"フルタイム"がいくつかの弊害を持っている。

　まず，定年について，適材適所が人事の基本だが変化の早い現代社会では適材の条件の移り変わりが早い。そのため，企業は適所がない人材（余剰人員）を抱え込み生活を保証しなければならないリスクを追う。そこで，2000年代初頭の小泉内閣は働き方と人生（キャリア）の多様化を推奨する労働改革を進めた。働き方は，時間で区切るパートタイム，業務で区切る業務委託，期間で区切る期間採用など業務に対する個人の責任や拘束を制限するかわりに，企業による生活保障も限定される労働者を増やそうとした。また，人生については勤務先から独立したライフキャリア（仕事も含めた総合的な人生）やワークライフバランス（仕事と私生活のバランス）を持つことが謳われ，その指導者としてキャリアコンサルタントが創設された。しかし，日本人は正社員以外の働き方や生き方に馴染みが薄く，経済不安も高い中では自由がある多様な働き方よりも正社員を希望する人が多い。そのため，優秀な人材を確保するには生活を保証

する正社員を一定以上抱えなければならない状況が続いている。

　次にフルタイムについて，正社員は時間外も私生活も24時間従業員としての自覚が求められ，また生活も勤務先に委ねている。そのため，組織も労働者自身も正社員の責任の範囲を理解しにくく，組織との一体感も高いため，低賃金にもかかわらず自発的な働きすぎを誘発する仕組みが構成されてきた（牧野，2000）。そのため働きすぎによる労災が増えやすい状況がつくられてきたといえるだろう。一方で企業が生活を守らない労働者のために，法律は今まで以上に労働者が不利益を受けない方向に運用されるようになった。その結果，近年は業務に従事する中で人としての機能を損なってしまう"労災"が広く認められるようになり，特に"うつ病（勤務中だけ気が滅入って仕事ができない新型うつ病を含む）"が広く認められるようになった。労災と認定されれば回復まで企業は生活も治療も保証しなければならないので，この負担は大きい。

　このような労働環境や産業構造の変換の中で産業領域のカウンセリングは2000年代半ばには急速に市場を拡大した。しかし，企業側もEAPおよび社員教育・研修の知識やノウハウを蓄積してきたこともありユーザーである企業からも次の展開が求められている。カウンセリング産業そのものも成熟した部分，今後成長する部分を見極めながら必要とされるカウンセリングを検討する必要があるといえるだろう。なお，本書では紹介されていないがNEETと呼ばれる労働市場に参加していない人たちの就労支援も広い意味でこの領域の現場ということができる。その中には医療や第5章で紹介されていた，行政の支援につながるほどの重度ではないので見過ごされてきた発達障害や精神疾患が明らかになることも少なくない。このような人材を今後どのように支援し，減少しつつある日本の労働者人口を維持するかも今後の課題であるといえるだろう。

4　行政の現場

　第6章では精神保健福祉センターと保健所のカウンセリングが紹介されているが，行政という全ての地域住民を対象にした機関で，カウンセリングが目指

すような問題解決が困難な事例にも，柔軟に対応するカウンセラーの姿が描かれていたと思われる。地域住民のニーズや他の行政機関のニーズにも柔軟に応じることが求められ，言い換えれば「ほかに頼る所がない」人々の最後の望みになっていることも少なくないだろう。

　どこの現場にもカウンセリングというサービスを受けるには受益資格がある。医療であれば患者であること，学校であれば児童・生徒または父兄，教師であること，産業であれば従業員またはその家族であることが受益資格である。しかし，行政サービスとしてのカウンセリングは当該地域に「住所（または居所）がある」という生存の最低条件のひとつが対応の条件である。そのため，受益資格のハードルは極めて低いといえる。本人に相談の意思があれば（場合によっては本人に意志がなくとも家族や近隣が対応を望めば），どのような人にでも対応しなければならない。日本は全ての国民に"健康で文化的な最低限の生活"を保証しているため，本人がどのような状態であっても，たとえば，長い統合失調症の患者で家族ともカウンセラーとも意思疎通できず，入浴も外出も拒む事例であっても，訪問し，時に連れ出し，少しでも"健康で文化的"と考えられる生活に向かうように支援を続けなければならない。図7-5は行政のカウンセリングの介入の観点を図示したものだが，行政サービスは医療で

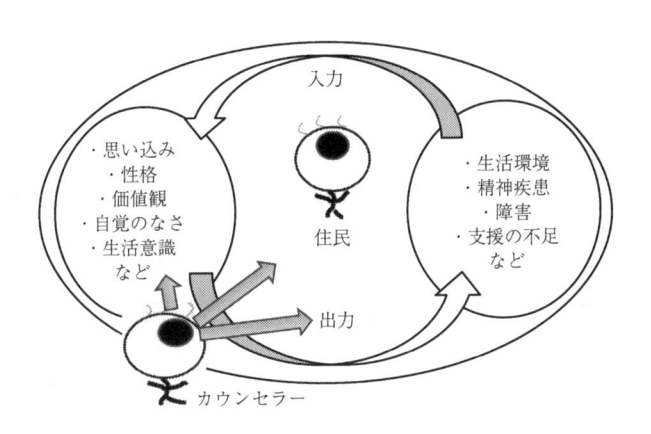

図7-5　行政のカウンセリングの介入の観点

はないので疾患や障害の治療は行わない。また，無料であることで恐縮する良識のある住民もいれば，地域住民としての自覚がなかったり，アルコールの事例のように問題の背景に生活意識の問題がある場合も多い。

また，本当に困っている事例もあれば，行政のサービスを使い尽くそう，というタチの良くない事例も存在する。筆者が勤務していた中にも精神疾患への行政サービスが手厚い地域があったが，近隣や他県から転居して精神障害者が受けられるサービスを文字通り享受していたようにみえる事例もあった。実務者としてはより困っていると思われる事例に集中したいところだが，医師が精神疾患を認め「手帳」を持っている限り本人が希望すれば対応しなければならない。人員も更には地域の財政も圧迫されることになる。

また，サービスが手厚すぎる弊害として，民業圧迫という問題がある。第5章でも紹介されていたが，民間で当該の問題のカウンセリングサービスが充実してくれば基本的に行政のカウンセリングの利用は少なくなる。行政サービスは税金で賄われているため，一部の住民しか受益できないサービスは民間がリーズナブルにまかなえるのであれば，民間に任せる方が良い。カウンセリングも一種の産業であるので，行政のカウンセリングが充実しすぎてしまうと，民間のカウンセリングの利用が減るだろう。利用が増えなければ民業として育たない。そのため，行政サービスのカウンセリングは民業圧迫になるという側面もある。しかし，一方で経済的に困難を抱える事例や民間では扱えないような困難な事例もある。行政のカウンセリングはこのように利用者のニーズだけでなく，各方面に配慮しながら展開する必要があるといえる。

2 各現場に共通するカウンセリングの問題

カウンセリングは個人がその環境や状況の中で最適に機能できるようになることを目指すサービスなので，何らかの変化があることが期待されている。ここまでみてきたように現場が異なれば関わる環境や状況，そしてカウンセラー自身の立場も異なるために，カウンセリングは現場ごとにさまざまな形をとる

しかし，その一方でカウンセリングによる望ましい変化が起こるには，ある共通した過程をたどる必要があることが知られている。変化のステージまたは超理論的アプローチ（杉山ら，2007）と呼ばれているものがそれである。変化のステージは"時間的・動機づけ的な変化の側面"と定義され，熟慮前（precontemplation），熟慮（contemplation），準備（preparation），実行（action），維持（maintenance）の順に展開する（表7-1）。"熟慮前"とはまだ自分の問題への自覚や気づきがない状態である。"熟慮"は気づき自覚を持つこと，"準備"は変化の可能性と変化した状態を実感できる具体性のある準備である。"実行"は実際に自律的に行動し，その結果を確認することである。うまくいかなければ準備や熟慮に戻る。実行がうまくいけば，その変化が続くように"維持"する工夫を探す。なお，変化のレベルというものも想定されている。"症状/状況"，"非適応的認知"，"対人関係の葛藤"，"家族システムの葛藤"，"精神内界の葛藤"の5つのレベルがあるが，症状/状況レベルから取りかかると自覚や変化が起こりやすいとされ，後半に進むほど問題が複雑で深刻になるとされ，変化が難しくなるといわれている。

　この変化のステージで明確になることは，人間は自覚を持って変化することを望まなければなかなか変われない，ということである。しかし，自分自身の問題点を考えることは自尊心を損ねる可能性があるし，逆に自尊心が低い人では孤立感や孤独感が紛れるのでカウンセリングには来ても自分を大切に考えら

表7-1　変化のステージ

		変化のステージ				
		熟慮前	熟慮	準備	実行	維持
レベル	病状/状況	認知行動アセスメント			行動療法	
	非適応的認知	アードラー療法	認知療法	問題解決療法		
	対人関係の葛藤	対人関係療法	交流分析			
	家族システムの葛藤	ストラテジー療法	ボーエン療法		構造派療法	
	精神内界の葛藤	精神分析	実存療法	情動焦点化療法・ゲシュタルト療法		

れないので,"より良くなれない"という思いから変化を積極的に望まないことも多い。より前のステージができていないと次のステージを頑張ってもあまりうまくいかない。結果的にカウンセリングは熟慮前,熟慮の段階で長い時間をかけてクライエントとじっくりと語り合うことが多い。では,クライエントの自尊心や変化を望みにくいことにどのように対応したら有効なのだろうか。次の節ではこの観点から来談者中心療法を見なおしてみよう。

なお,表7-1にはステージとレベルごとに有効とされている心理療法の技法も名前だけ紹介されているが,これらの詳細は杉山ら(2007)などの専門的な心理療法の本を参照いただきたい。

3 カウンセリングにはなぜ効果があるのか?

第2章ではカウンセリングの基礎理論として来談者中心療法が紹介されている。この方法はあらゆる現場でカウンセリングの基礎とされ,共通要因とされている(杉山ら,2007)。近年の心理学がこの方法が有効な理由について科学的に明らかにしている(杉山,2010)。その中でクライエントの自尊心を守り,変化を望んでもらうことへの配慮を考えてみよう。

まず,自分は他者から大切にされているという気持ちを被受容感という。社会的存在としての人間は他者から大切にされると気分が良くなるようで,被受容感は図7-6のように気分を肯定的にすることが確認されている。また,人間の気分には気分一致効果という働きがあり,気分に沿った事柄に注目し,気分に沿った方向に考えや連想が展開する。そのため,丁寧に傾聴されることでより良い変化について考えてもらい,変化を望んでもらうための気分的な準備ができるといえる。

自尊心について,人間は他者から受け入れられている状況で自尊心(自分を大切に思う心)が高まることがM.リアリーらの自尊心のソシオメーター理論の研究で示されているが,被受容感も自尊心を高めることが示されている。人間は自分の思っていることと違うことを考えると不快になることが社会心理学の

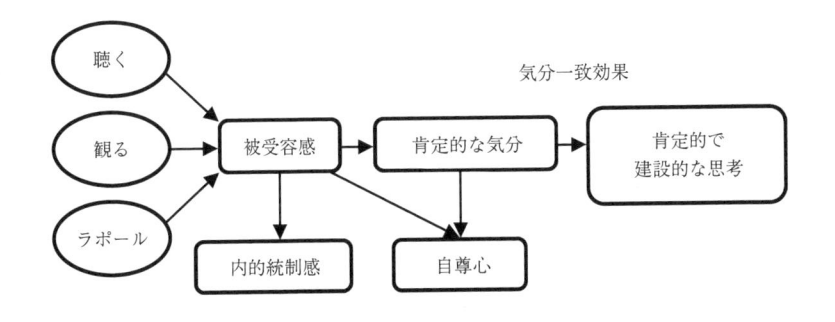

図7-6 来談者中心療法の効果（杉山, 2010を一部改変）

認知的不協和理論で示されているが，W. スワンJrの自己確証理論によると，このことは自分について考えることにも当てはまる。自尊心が低いと自分を大切に考えることは難しいだろう。そのため，丁寧に傾聴することでクライエントの自尊心を守り，時に自尊心を高めてもらってカウンセリングの場を傷つきにくい場にすることができる。

最後に，何かをすれば何かが起こるという実感を内的統制感と呼ぶが，内的統制感は自分の意志に他者がよく対応してくれることで育つといわれており，実際，被受容感も内的統制感を高めることが示されている。内的統制感は行動を起こす動機づけの基礎であり，変化が起こるための準備として不可欠といえるだろう。

また，ラポールの形成は"同じ目的を持った仲間になる"ことで，クライアントとセラピストをその他の他者から区別させ，一種の内集団と認知してもらうことと言い換えることができるだろう。社会心理学には内集団―外集団と呼ばれるの研究テーマがある。この研究によると「外集団」と認知すると人間は警戒感を持つという。仮にカウンセラーが外集団と思われるとカウンセリングが警戒感に満ちた居心地の悪い場になるだろう。内集団と認知される過程では目的の共有が重要だが，言葉だけではなくカウンセラーの表情や態度も重要である。たとえば，人間の脳は他者の怒りや不安，不快感の表情成分に極めて敏

感で，警戒信号を発する（大平，2010）。カウンセラーは表情も含めた態度や存在感が重要であるといえる。

まとめ

カウンセリングは現場に合わせて大きく変わることが本書で紹介されていたが，カウンセリングが今後も現代社会で機能し続けるには，社会の変化に応じて更にまた変わる必要があるだろう。しかし，その中でもクライエントを"聴く"，"観る"，そして"ラポールを築く"努力は変わらないだろう。このような絶対的な基盤がしっかりしているからこそ，逆に各現場で柔軟に対応できるのがカウンセリングであると読者にはご理解いただければ幸いである。

■引用・参考文献

大平英樹　2010　基礎学としての神経―生理心理学　坂本真士・杉山崇・伊藤絵美　編著　臨床に活かす基礎心理学　東京大学出版会

牧野昇　2000　90年代の財界戦略と労働者状態――労働運動の可能性を探る　長谷川義和編著　社会構造変動と労働問題――社会政策学会第99回大会を振り返って　大原社会問題研究所雑誌，497，77-82

杉山崇　2010　事例　強迫症状から重度の抑うつ，抑制のきかない憤懣に症状が変遷した男性が「自分」を回復した過程　伊藤絵美・杉山崇・坂本真士編著　事例でわかる基礎心理学のうまい活かし方　金剛出版

杉山崇・前田泰宏・坂本真士　2007　これからの心理臨床　ナカニシヤ出版

用語解説

① **アウトリーチ**：社会福祉領域において，支援の対象者に支援リソースを提供することを指す。具体的には，行政機関が有するケア資源（例えば，出張相談のサービスなど）を用いケアすることを指し，支援対象者が来ることを"待つ"のではなく，支援をするために"出向く"といった意味合いが強い。

② **アセスメント**：査定の意味。対人支援を展開する際，支援対象者の状態や性格などをより正確に知り，査定することが求められる。正確な査定は，コストパフォーマンスの高い支援につながる。印象や言動などからの情報により査定することや，心理検査などを用いて査定することがある。

③ **アディクション**：依存とも呼ぶ。アルコール，薬物，ギャンブルなど依存対象となるものをやめようと思ってもやめられない，自分ではコントロールできなくなった状態を依存症という。身体，精神を病むだけでなく社会的な地位を失うなど，病気が進行するにつれ多くのものを失う。本人の意志が弱いからやめられないのではなく，依存症という病気によりやめられない状態になっている。治療により回復することが可能である。治療はまず依存対象となるものを完全に断つ，病気についての心理教育を行い自身が病気であることを認める，同じ病気を持つ仲間のいる自助グループに通い依存対象となるものから離れた生活を維持する。依存症になると依存していたものを適度に楽しむことは不可能である，ということから「完治はしない」といい，依存対象となるものを一切断った生活を維持する「回復」をめざすことになる。一方，家族にも「回復」を目指す必要がある。家族は依存症が病気であること，本人の性格の問題ではないことなど心理教育を受ける。本人を不必要に責めたり，説得するのではなく，本人が素面の状態のときに冷静に話し合うことが本人の回復のきっかけになる。家族のコミュニケーションも依存の問題を中心としたものばかりで，不満・怒り・絶望ばかりであったものを，家族自身の生活を大事に，楽しめるよう，穏やかなコミュニケーションにしていくことが「回復」の目指すところである。

④ **インフォームド・コンセント**：説明と同意。医療現場をはじめ，各種支援を実施

する領域で重要となる概念。支援を実施する以前やその過程で，どのような支援を行うのか，リスクがあるのかなどについて，十分な説明を行うとともに，支援対象者に同意を得ることは，倫理的にも欠かすことができない。

⑤ **ウェクスラー式知能検査**：ウェクスラー（Wechsler, D., 1896-1981）により開発された偏差知能指数を用いた知能検査である。特徴は，言語的知能と動作的知能を多面的に測定できる所にある。16歳以上を対象としたWAIS，17歳未満を対象としたWISC（16歳はWAIS・WISCのどちらも施行可能），4歳から6歳半までの子どもに良く使われるWPPSI（厳密には3歳10か月～7歳1ヶ月が施行可能な年齢範囲）は知能検査として臨床場面でも多用される。なお，WISCの最新版であるWISC-IVでは，言語的知能や動作的知能などに関する扱い方が改変されているため，注意が必要である。

⑥ **内田クレペリン精神作業検査**：横並びの一桁の数字を連続で加算する形式の検査。いくつかの方法があるが，多くの場合，練習2分・15分間の連続加算（1分毎に行を変える）・5分休憩・15分間の連続加算（1分毎に行を変える）の方法が採用される。計算量を曲線化し，曲線を判定（緊張や慣れなど）することで，査定対象者の性格傾向を判定する。

⑦ **エンプロイヤビリティ**：雇用される側の能力を指す。労働者の能力であり，自身が所属する機関のみならず，企業の運営に係る各所で発揮される能力も含む。技術的側面のみならず，身体的側面や心理的側面など，労働者一人ひとりの総力の総体がエンプロイヤビリティである。

⑧ **解離性障害**：意識や記憶が途切れたり，自分自身が誰だかわからなくなるなどといった症状を有する障害を指す。解離性健忘（記憶喪失の状態）や解離性遁走（突然の放浪など），解離性同一性障害（多重人格）などが含まれる。

⑨ **家庭調査票**：学校や園に対して提出する調査票であり，園児や児童の氏名，住所連絡先，家族構成，生育歴や病歴，学校や園に対する要望などを記入する票。

⑩ **患者会・自助グループ**：同じ疾病，障害をもつ者同士が自主的に集まってできた

自助組織。家族同士が自主的に集まってできた自助組織は家族会と呼ばれる。交流，仲間づくり，学習会・講演会の開催の他に社会に向けての啓発や請願等の活動を行っているところもある。

⑪ **キャリアカウンセリング**：日本進路指導学会キャリア・カウンセラー規定によると，「生徒，学生，成人のキャリアの方向付けや進路の選択・決定に助力し，キャリア発達を促進することを専門領域とするカウンセリング」と定義づけられている。

⑫ **キャリア・デベロップメント**：社会や職業領域における個々人の経験を通して，特に職業的な自己実現を経て，発達する過程。

⑬ **強迫性障害**：強迫神経症とも呼ばれ，一定の考えやイメージ，衝動などが一定のパターンで繰り返し生じる強迫観念や繰り返しの儀式的な行動である強迫行為・儀式行為が特徴となる障害である。人口の2～3％でみられ，20歳前後で発症することが多い。強迫観念と強迫行為の両者が認められることが多い。

⑭ **クライシスプラン**：疾患を理解し，その疾患に対して必要な治療を理解し，自分自身の精神状態をセルフモニタリングし，危機的状況に陥った際に援助を希求するプロセスをまとめたものを指す。支援対象者自身がまとめたクライシスプランは，JCP（Joint Crisis Plan）と呼ばれる。クライシスプランを作成することで，セルフマネジメントや自己評価の向上などが期待できる。

⑮ **軽度発達遅滞**：精神疾患の診断基準であるDSM-IV-TR（APA, 1994）では，精神遅滞に分類される。発達段階にマッチした適応行動が障害されている場合や，知的能力が追いついていない場合（平均以下の場合），精神遅滞と判断されることがある。特に知的能力については，ウェクスラー式の知能検査などにより査定され，知的レベル（IQ）の状態により判断される。軽度発達遅滞は，IQレベル50～55からおよそ70とされる。

⑯ **ケースカンファレンス**：例えば保健センターの保健師，保健所の精神保健福祉士，精神保健福祉センターの心理士など，専門領域の異なる専門家同士が問題（事例や事業）に関して専門知識を持ちより，問題の理解を深め解決に当たるための話し合いをすることを指す。

⑰ 行 動 主 義：ワトソン（Watson, J. B., 1878-1958）を中心とした心理学は行動主義心理学と呼ばれ，人間を科学的に理解する上で，主観的側面を扱うことを排除し，客観的な人間の行動に着目した。行動主義に依拠した心理療法として，スキナー（Skinner, B. F., 1904-1990）やアイゼンク（Eysenck, H. J., 1916-1997）などが中心に展開した行動療法があげられる。またウォルピ（Wolpe, J., 1915-1998）により行動療法は「学習の原理やパラダイムを適用し，不適応的な習慣を克服すること」と定義づけられている。

⑱ コ ー チ ン グ：人材を開発することを目的とした方法。たとえば認知的徒弟制などといったコーチングの方法があり，ここでは，はじめ師匠が手本を見せ，弟子に手取り足取り教え，その後，弟子が自分の力でできるようになることを目指す。コーチングでは，コーチが指導し，学習者が知識や技能を修得できるようになることを目指す。

⑲ コーネル・メディカル・インデックス（Cornel Medical Index：CMI）：14歳から成人を対象とした195項目2件法（「はい」・「いいえ」）の検査であり，身体的症状と精神的症状の両者を測定することができる。神経症判別図に得点をプロットすることで，心身の健康状態（Ⅰ領域：正常〜Ⅳ領域：神経症者）を把握することができる。

⑳ コメディカルスタッフ：医師を除く医療従事者のこと。co-medical の co-は共同することを意味し，円滑なチーム医療を実現する際にも医師とコメディカルスタッフとの連携は欠かすことができない。なお，臨床心理士には，多様なスタッフの橋渡し的な役割が求められる。

㉑ コンサルテーション：助言を意味する。特に心理的支援を実施する現場を見た場合，コンサルタント（医師や心療内科医，臨床心理士）が他の専門性を有する職種のニーズに合わせ，適切な助言・指導を行う。

㉒ 作 業 療 法：古くはピネル（Pinel, P., 1745-1826）やテューク（Tuke, W., 1794-1866）などの活動の中でも同様の支援が行われていたとされる。主に心身に障害や問題を抱えた者に対し，主体的生活を実現することを目的に実施される支援で，身体機能や精神機能の回復や社会適応を目指した活動（たとえば，筋肉や関節の調整や

動作の調整，共同作業を通じた人間関係の調整など）を行う。作業療法は主として，国家資格である作業療法士の資格を有する専門家によって担当される。

㉓ **産業保健スタッフ**：産業医や保健士，臨床心理士，産業カウンセラーなど，産業社会において労働者を支援するスタッフを指す。

㉔ **Ｃ　Ｓ　Ｒ**：企業の社会的責任（Corporate Social Responsibility）。企業は生産性を上げ，利益を追及するという目標がある。しかし近年，企業に対して利益を上げることのみならず，消費者や地域社会に対して責任（たとえば，説明責任や社会的集団としての責任など）を果たすことを指す。

㉕ **実　存　主　義**：実存主義哲学や現象学を背景に置いた心理学で，現象や自体の本質を捉えることを志向した心理学。実存主義哲学に依拠した人間学派の心理療法として，フランクル（Frankl, V. E., 1905-1997）によって創始された実存分析（ロゴテラピー）がある。

㉖ **自　動　思　考**：認知療法で扱われる概念である。自動的にフッと沸く思考を指す。ある体験をした時，その体験と関連したスキーマ（経験の中でつくられた思い込み）が刺激されて，体験の解釈が影響を受ける。たとえば，他者との関係がうまく行かない場合，「他者と上手く関係を築けない人間は最低だ」といったスキーマを持っていたとすると，結果として，「自分は最低な人間だ」といった自動思考が発生する。

㉗ **自　閉　症**：精神疾患の診断基準であるDSM-IV-TR（APA, 1994）では，広汎性発達障害に分類される。広汎性発達障害は，対人関係や意思伝達能力，行動や興味などにかかわる発達が広汎にわたり障害されている状態を指す。広汎性発達障害の下位分類として，自閉性障害（対人関係や意思伝達の障害，興味関心の著しい限定）・レット障害（胎生期・周産期の発育は正常であるが，誕生後5カ月から48カ月の間に頭部の発育が遅れ，その後，手の運動能力が消失，歩行や言語に重篤な発達の問題が生じる）・小児期崩壊性障害（誕生後2年間の正常な発達の後，10歳までに獲得した運動や言語能力が障害され，対人関係にも問題が生じる）・アスペルガー障害（自閉性障害の診断基準の中で，コミュニケーションの質的な障害の基準は満たさず，言語や自己管理能力，対人関係以外の適応

に遅れがない）などが挙げられている。脳の器質的問題などの原因が考えられるものの，明確な原因は判明していない。社会適応を促すアプローチは必須であるとともに，社会的な理解が望まれる。

㉘ **社会復帰相談**：たとえば，回復期にある患者が社会復帰を果たし，患者自身で日常生活を送ることを目標とした支援を指す。ここでは，相談のみならず，社会的スキルを向上させるような取り組み（SSTなど）を行うことなどを通して，社会復帰後に必要となるさまざまな事柄を支援するといった幅広い支援活動を行う。

㉙ **主　　　訴**：支援対象者の相談事項（悩みや問題）を指す。支援対象者が主訴として挙げるものは，支援対象者が持つ悩みや問題そのものである。一方，主訴が，本質的な悩みや問題を投影している場合もある。たとえば，「お腹が痛い」という主訴の背景には，支援対象者の対人関係の問題（こころの問題）が潜在している可能性もある。こうした場合は，「お腹が痛い」といった背景にある問題をターゲットとする必要がある。

㉚ **障害者自立支援法**：障害の種類（身体障害，知的障害，精神障害）にかかわらず障害者の地域生活と就労を進め自立を支援するため，福祉サービス，公費負担医療等の制度を一元化した法律。平成18年施行。全国共通のルールに従って，支援の必要度を判定する尺度（障害程度区分）を導入し，支給決定のプロセスが明確になった。国の費用負担の責任を強化し（費用の2分の1を負担），利用者もサービス費用を原則として，費用の1割を負担することになった。平成22年には改正法が可決され，発達障害も対象に含まれることになり，費用負担は利用者の家計の支払い能力に応じた負担（応能負担，1割は超えない範囲）となった。

㉛ **障害福祉サービスを行う事業所**：精神保健福祉センターの研修で対象となる事業所は主に精神障害者への施設入所支援（グループホーム，生活訓練施設，等），自立訓練，就労移行支援，就労継続支援（従来の名称で「作業所」等），地域活動支援センターなどである。

㉜ **情緒的サポート**：ソーシャル・サポートの一概念であり，たとえば他者から共感を得るなど心理的側面に対する支援を指す。悩んだ他者に出会った時，耳を傾けて悩みを聴き，共感することは情緒的サポー

トのひとつである。
㉝ **自立支援医療**：精神保健福祉法第5条に定める疾患（統合失調症，精神作用物質による急性中毒又は，その依存症，知的障害，精神病質，その他の精神疾患）の治療は，定期的で継続的な通院医療を比較的長期間受けることが必要なため，通院医療費の費用負担を軽減するため自立支援医療制度がもうけられている。
㉞ **心身症**：日本心身医学会（1991）が「身体疾患の中で，その発症や経過に心理社会的因子が密接に関与し，器質的ないし機能的障害が認められる病態をいう。ただし神経症やうつ病など，他の精神障害に伴う身体症状は除外する」と定義づけている。ここでは，心理的要因により器質的（消化性潰瘍や潰瘍性大腸炎など）ないし機能的障害（片頭痛や過敏性腸症候群など）が生じる。
㉟ **信頼性**：心理検査などの有用性を示す指標。信頼性とは，同様のテストを用いた検査を，同様の能力を有する集団に実施した場合，同様の結果が生じる可能性を指す。すなわち，同じ能力を持つ者を対象とするならば，同じ結果が生じるといった程度が信頼性である。
㊱ **心理教育**：正確な情報を提示し，心理的問題の予防や支援に対する意識を高め，現実に予防や支援を実現する一連のプロセスを指す。心理教育を有効に展開するために，理論横断モデル（transtheoretical model）（Prochaska & DiClement, 1983）に基づく体系的な関与が望まれる。
㊲ **スーパーバイズ**：たとえば，カウンセラーが担当するケースについて，そのカウンセリングプロセスを経験ある別のカウンセラーによって指導・助言されることを指す。スーパーバイズの受け手はスーパーバイジー，スーパーバイズを行う者はスーパーバイザーと呼ばれる。適宜スーパーバイズを受けることで，心理的支援の技能は向上する。また，カウンセリング領域のみならず，医療・福祉の領域においても同様にスーパーバイズが行われている。
㊳ **生育歴**：誕生から今に至る生活の中で生じた出来事にかかわる情報を指す。たとえば，大きな病気をしたことがあるか否か（病歴）や衝撃的な出来事に出くわしたことがあるか否か（たとえば，いじめの経験や非行の経験など）を尋ねることもある。保護者を対

用語解説 177

象とした子どものカウンセリングでは，妊娠中の様子や在胎週，誕生時の体重・身長，首のすわり・這い始め・ひとり立ち・歩きなどをはじめとした発達の様子を尋ねることもある。

㊴ **生活訓練**：日常生活で必要なスキル，たとえば，家事のスキルをはじめとした技能を修得することを目的とした訓練を指す。家事などといったスキル修得はもとより，コミュニケーションスキルや感情のコントロールスキルの修得を目指す場合もある。

㊵ **精神医療審査会**：精神医療審査会の業務は，精神保健福祉法及び精神医療審査会運営マニュアルにより，（1）精神科病院管理者から提出された「医療保護入院の入院届」・「措置入院者及び医療保護入院者の定期病状報告書」により，その入院の必要性の審査を行う，（2）精神科病院に入院中の者またはその保護者等から，退院請求または処遇改善請求があったときに，その入院の必要性や処遇の妥当性について審査を行う，とされている。

㊶ **精神障害者保健福祉手帳**：精神障害のため長期にわたり日常生活又は社会生活への制約がある場合申請できる。手帳には，障害の程度により重いものから順に1級から3級までの区分があり，手帳を取得することにより，障害の程度に応じたサービスを利用できるようになる。

㊷ **精神分析**：フロイト（Freud, S., 1856-1939）による。精神分析は局所論（意識・前意識・無意識といった層構造で心を捉える理論）や構造論（エス，自我，超自我を想定し，心的調整について説明した理論）などをまとめ，人間理解を促進する際に欠かすことができないものである。

㊸ **精神保健福祉士**：精神保健福祉領域におけるソーシャルワークを専門とする。1997年に国家資格として定められる。PSW（Psychiatric Social Worker）と呼ばれる。

㊹ **摂食障害**：神経性無食欲症（Anorexia Nervosa）と神経性大食症（Bulimia Nervosa）に大別される食行動の問題を特徴とする障害である。一般的には神経性無食欲症は拒食症，神経性大食症は過食症と呼ばれ，嘔吐や下剤乱用など摂取した食物を不適応的に排出することもある。思春期・青年期の女性を中心に増加傾向にあり，摂食障害の病因は未だ明らかとされていない。こうした

中，ボディ・イメージの問題や痩せを賞賛する社会的風潮の影響，母子関係の問題などがかつてから指摘され，現在ではより科学的（生理学的）に病因が検討されている。

㊺ 躁 う つ 病：精神疾患の診断基準である DSM-IV-TR（APA, 1994）では，気分障害に分類される。気分障害のカテゴリでは，平常状態の気分よりも高揚している状態と低下している状態がまとめられている。平常状態の気分よりも高揚している期間を躁病エピソード（一般的には躁病），低下している期間を大うつ病エピソード（一般的にはうつ病）と呼ぶ。躁病エピソードでは，多弁や多動，抑制欠如などが特徴であり，大うつ病エピソードでは，抑うつ気分や興味・喜びの減退などが特徴である。

㊻ ソーシャルクラブ：精神疾患を抱える者の社会復帰を目的に実施される活動が実施される場を指す。ここでは，グループにおけるレクリエーションや社会的技能訓練（SST: Social Skill Training）などを通して，人間関係の調整や生活リズムの調整を図る。デイケアという大きな枠組みの中で実施される各種活動を企画開催する場がソーシャルクラブである。

㊼ ソーシャルワーカー：社会福祉に係る技術を提供することをソーシャルワークと呼び，ソーシャルワークを担当する専門家をソーシャルワーカーと呼ぶ。ソーシャルワーカーの職域は広く，社会的生活に困難さを有する者が支援の対象者となる。ソーシャルワークに係る国家資格は社会福祉士であり，特に，精神科領域に特化したソーシャルワーカーは精神保健福祉士である。

㊽ 妥 当 性：心理検査などの有用性を示す指標。妥当性とは，測定したいものが測定できているか否かの程度を指す。たとえば，算数の能力を測定したい場合，難しい文章で表現される問題は妥当性が高いとはいえない。文章が難しいため，国語の能力を測定する可能性があるテストともいえ，算数の能力を測定するテストとしての妥当性が低いといえる。

㊾ 地域精神保健：一定人口内の精神障害者の有病率を低めるために，当該地域社会で発生した精神保健上の諸問題を，その地域全体の力で主体的，効果的に解決しようとするサービスの総称。

㊿ 注意欠陥多動性障害：不注意の問題や落ち着きのなさ，衝動性などの問題が認め

られる場合，注意欠陥／多動性障害と判断されることがある。また，不注意の問題にかかわる基準のみを満たす場合は注意欠陥，多動や衝動性の問題にかかわる基準のみを満たす場合は活動性の障害とみなす。就学期に入り発見されることが多く，学習の遅れやクラスにおける対人関係の問題を呈することが多い。しかし，発達に応じて問題とされる注意の欠陥や多動・衝動性が消失することもあり，支援の過程では，注意深い行動観察が必須となる。

(51) **デイケア**：特に精神科領域では，症状の安定や社会復帰を目指し，スポーツやリクリエーション，SST（Social Skill Training：社会的技能訓練）などから構成される通院型治療プログラムが実施される。

(52) **適応障害**：ストレス反応の一種であり，何らかのストレスを受け，心理的・行動的な不適応に陥っている状態を指す。ストレスを受け3ヵ月以内で発症していること，また，ストレッサーから解放された後，6ヵ月以上症状を継続して呈することがない場合に診断が下される。

(53) **転地療法**：環境を変化させることで，症状の改善を目指す方法。たとえば，新たな場所へ転居することで，現在の生活環境を変化させ，症状の改善を図るなどといったことは転地療法にあたる。

(54) **道具的サポート**：ソーシャル・サポートの一概念であり，物理的支援や情報提供などといったサポート源を他者から受けることを指す。お腹を空かせた他者に出会った時，持っていたアンパンを指し出すことは道具的サポートのひとつである。

(55) **統合失調症**：幻覚や幻聴，妄想を主とした精神状態を特徴とする精神疾患。かつては精神分裂病と呼ばれ，2002年に精神分裂病から統合失調症へと名が変更される。

(56) **東大式エゴグラム**：15歳以上が対象となる53項目3件法（「はい」・「どちらでもない」・「いいえ」）交流分析に基づき開発された心理検査であり，プロフィールを作成することで，CP（Critical Parent：厳格な父）・NP（Nursing　Parent：養育的な母）・A（Adult：大人）・FC（Free Child：自由な子ども）・AC（Adapted Child：適応的な子ども）といった5つの性格を確認し得る検査である。

(57) **トラウマ**：ある衝撃的な体験に直面した後，精神的機能が一時的に不調

（たとえば，パニック状態など）をきたす。その体験をトラウマ体験と呼ぶ。

⑤⑧ **認知行動療法**：行動的技法（たとえば行動療法的アプローチ）と認知的技法（たとえば認知療法的アプローチ）を組み合わせて適用し，行動面の問題と認知面の問題の両面に有効に関わることを目的とした心理療法。治療の最終段階では，セルフコントロール能力の向上も目標となる。

⑤⑨ **バウムテスト**：「実のなる一本の木」（針葉樹の場合，枝葉が広がった木にならず，表現の幅を狭くするため）を描くことを求める芸術療法の一種。彩色することもあり，描かれた木に"基本的な生命感"や"コントロールの善し悪し"，"内面的な豊かさ"などが表れる。

⑥⓪ **箱　　　庭**：箱庭療法を実施する際に用いられる箱。この箱（内寸57cm×72cm×7cmで水色に塗られている。国際的に標準化されている）には砂が入れられ，人間や動植物，建物，乗り物などのミニチュアが準備され，クライエントは，自発的にミニチュアを選択し，砂の上に置くことができる。箱の内側が水色に塗られている理由は，砂をよけることにより，川や海，湖の表現を可能にすることにある（実際の水を用いることはしない）。場合によっては，治療者とクライエントが共同し，ひとつの作品を作成することもある。作品を作成するプロセスで生じる言語・非言語的メッセージを受け取り，治療者との信頼関係を築くことも大切である。箱庭療法の特徴として，非言語性（必ずしも言葉は必要としない），簡便性（技術の有無にかかわらず取りかかり易い），触覚性（砂に触れることで治療的退行が生じ，リラックスできる），視覚性（箱庭に表現されたクライエントの内的世界を，クライエント自身そして治療者が観察できる）が挙げられ，クライエントの世界で展開できることも大きな利点である。

⑥① **パーソナリティ障害**：人格の大きな偏りにより本人が悩みまた周囲が悩む場合にパーソナリティ障害の可能性がある。たとえば，自己愛性パーソナリティ障害の場合，肥大した自己愛（この自己愛は健康的なものではなく一般的基準からも逸脱している）を有し，地に足のつかない自信や横暴さで周囲が混乱することもある。なお，2008年5月に日本精神神経学会により人格障害からパーソナリ

ティ障害へと障害名が変更されている。

(62) **発達障害**：発達に関わる障害の全般を指す。DSM-IV-TRによると発達に関わる障害として，発達段階にマッチした適応行動が障害されている場合や知的能力が追いついていない精神遅滞（Mental Retardation：MR），対人関係や意思伝達能力，行動や興味などにかかわる発達が広汎にわたり傷害されている状態である広汎性発達障害（下位分類として自閉症障害・レット障害・小児期崩壊性障害・アスペルガー障害がある），知的な側面に遅れは認められず計算や読みなどの特定の学習に対する障害を特徴とする学習障害（Learning Disorder：LD），不注意の問題や落ち着きのなさ，衝動性などの問題を特徴とする注意欠陥／多動性障害（Attention Deficit / Hyperactivity Disorder：ADHD）が挙げられている。

(63) **パニック障害**：さまざまな心身の症状が，ある限定された時間内（おおよそ10分以内）に，激しい不安や恐怖を伴い出現する障害である。また，心身の症状や不安・恐怖を実際に感じる環境に直面する以前に，こうした症状や感情が喚起（予期不安）し，心理・行動的問題を呈することもある。ある特定の状況において，パニック障害様の症状や心理・行動的問題が生じる場合，広場恐怖を伴うパニック障害となる。

(64) **反芻**：過去のネガティブな出来事を繰り返し想起する思考の形態。

(65) **ピアカウンセリング**：ピア・サポート（仲間が仲間を支援する）という幅広い概念の一部として位置づけられる。特に心理的問題を抱えた当事者が同様の問題を抱える他者の話に耳を傾け，共感するといった体験を通し，心理的安定や治療効果を求める方法である。ピアの関係をより良いものとするためには，良いファシリテーターによる支援も必要不可欠である。

(66) **PTSD**：戦闘体験や災害，暴力，事故など強度の強い外傷体験後，覚醒時または睡眠時（夢）で再体験することが特徴である。再体験をフラッシュバックと呼ぶ。そして，フラッシュバックに伴い，外傷と関連した事象を持続的に回避することや，外傷と関連した事象に対する麻痺，機能不全なども特徴とする。外傷体験後，２日～４週間以内の場合は急性ストレス障害，１ヵ月以

182　用語解説

上の場合は外傷後ストレス障害と呼ぶ。PTSD は Post Traumatic Stress Disorder の略である。

⑥⑦　非定型精神病：明確な原因がわからない，内因性の精神病であり，定型的な精神病とは異なる，もしくはその境界線上に位置づけられる様態。

⑥⑧　風景構成法：1枚の紙に治療者がサインペンで枠を付け，川・山・田・道・家・木・人・花・動物・石・その他，足りないと思う物の順に枠の中に描き，彩色することを求める芸術療法の一種。枠を付けることで，心理的な安心感や安全感を保障することができる。

⑥⑨　福祉事務所：地方公共団体の施設であり，各都道府県，市に設置される機関を指す。ここでは，老人介護や生活保護，生育など幅広く福祉に係る事務事項を扱う。福祉事務所の設置については，社会福祉法第14条に規定されている。

⑦⓪　プレイルーム：特に子どもを対象とした支援を行う際にプレイセラピーなどを行う場所を指す。プレイセラピーでは，遊びを通して生じる感情交流や行動を観察し，子どもに関与する。

⑦①　文章完成法：未完成の文章を完成することを求め，その結果を総合的に判定し，査定対象者の性格を判断するものである。文章完成法で測定される性格は，"社会（性的同一性や経済的状況，対人関係など）"，"家庭（家族の構造・関係性など）"，"知能（知的能力に関する自己評価）"，"気質（外向・内向などの傾性）"，"力動（気分状態など）"，"指向（自己・他者に対する評価やさまざまな事象に対する趣向）"の7種であり，これらをスキームと呼ぶ。

⑦②　並行面接：たとえば，子どもに同伴した保護者（母親など）が同席し，カウンセラー1名と面接対象者2名といった環境の面接を指す。子どもと保護者のやり取りや，カウンセラーという大人が存在する三者関係の中で生じる子ども・保護者の変化を観察することもできる。

⑦③　防衛機制：葛藤状態にある場合，自我が脅かされることで不安が喚起され，心身の緊張が高まる可能性もある。こうした自らの危険な状態から回避するように心理的な機制を防衛機制と呼ぶ。防衛機制の基盤となるものに抑圧があり，抑圧の概念自体は S. フ

ロイトにより提唱され，その後，精神分析学派の研究者によって多くの心理的機制が提唱された。そして，フロイト（Freud, S.）の娘であるアンナ・フロイト（Freud, A., 1895-1982）により防衛機制として整理されている。防衛機制を理解することは，複雑な人間の心理を理解する際に有益であり，医療・教育をはじめとする多くの職業領域においても，対人理解を促進するために必要不可欠な概念である。

⑭ 保 健 師：地域保健に携わり，保健指導などを担当する専門職であり，大学や専門学校など所定の課程を修了した後，国家試験に合格することで付与される資格は保健師資格である。

⑮ 保 健 所：地域の公衆衛生の向上・増進を目的とする施設。食品衛生，環境衛生，感染症などへの対応のほかに，地域精神保健の問題を扱う。保健所は複数の市町村に1ヵ所ずつの設置であるため，平成14年より身近に相談できるよう各市町村に精神保健の問題を扱う部署を設けるようになった

⑯ 見 立 て：支援する対象者の主訴や生活史，生育歴などをはじめとした各種情報から，対象者の問題や状態を把握し，支援の方法などを計画する一連の過程を指す。

⑰ 予 防：キャプラン（Caplan, G., 1964）は予防を，第一次予防（精神的不健康を引き起こす原因を少なくする），第二次予防（早期発見と早期対処で罹患期間を短くする），第三次予防（精神障害から派生する欠陥を低減する）に分けている。予防的観点からの関わりは，特に第一次ないしは第二次予防に寄与するものである。

⑱ 療 育 機 関：発達障害をはじめ，発達の過程で生じる子どもの問題を支援することを目的とした機関。都道府県や市町村が運営するものから，病院や専門機関が運営するものまで幅広く存在する。また，指定療育機関（指定育成医療機関）は，児童福祉法に基づき厚生労働大臣もしくは各都道府県知事から指定された機関を指し，ここでは，特に身体に障害がある子どもを対象とした支援が行われる。

⑲ ロールシャッハ・テスト：インクプロットの染みで表現される10枚の図版を提示し，その言語的反応や反応速度を記録・評価する。ロールシャッハで使用される図版は世界的に標準化されたものである。片

口式やエクスナー式と呼ばれるスコアリング・システムがある。

カウンセリングと援助の実際			
2012年7月5日　初版第1刷発行			
	編著者	山蔦　圭輔	
		杉山　　崇	
	発行者	木村　哲也	
・定価はカバーに表示	印刷　シナノ印刷　／製本　新灯印刷		

発行所　株式会社　北樹出版

http://www.hokuju.jp

〒153-0061　東京都目黒区中目黒1-2-6
TEL：03-3715-1525（代表）　FAX：03-5720-1488

© Keisuke Yamatsuta & Takashi Sugiyama 2012, Printed in Japan
ISBN 978-4-7793-322-7

（乱丁・落丁の場合はお取り替えします）